CREACoaching

Boostez votre coaching

au moyen de

plus de 50 techniques créatives

Sandra Minnee et Olwen Wolfe

Copyright ©2015 Sandra Minnee et Olwen Wolfe

Première édition

Tous droits réservés

Cette publication ne doit être, ni en entier ni en partie, reproduite, stockée ou transmise, sous aucune forme (électronique, mécanique, photocopie, enregistrement, manuscrit ou autre) sans l'accord écrit préalable des auteures ou de leurs ayants-droits ou toute autre entité à qui les auteures auraient transmis les droit de copyright.

Texte de Sandra Minnee et Olwen Wolfe

Illustrations de Sidney Marquez

Traduit de l'anglais

Titre original « CREACoaching: Boost Your Coaching with *over* 50 Creative Techniques »

ISBN 978-1-326-24419-4

Publié par les auteures

Dédicace

Ce livre est dédié à Alex F. Osborn et au Dr Sidney Parnes qui inventèrent la méthode Creative Problem Solving et l'offrirent au monde au travers de leurs publications et enseignements.

Aujourd'hui ces deux passionnés de la réalisation de soi par le développement des ressources créatives individuelles, seraient probablement des coachs !

Remerciements

Nous remercions chaleureusement les collègues qui ont testé notre approche, en tant que coachs ou coachés. La communauté internationale d'experts en créativité et en coaching à laquelle nous appartenons nous a fait des suggestions qui nous ont beaucoup inspirées.

Nous souhaitons chaleureusement remercier Michèle Abela, Delphine Batton, Ghislaine Tseng, Georges Valentin et Victoria Willis qui ont réalisé l'édition de ce livre. Leur soutien enthousiaste et leur travail patient ont été essentiels au processus créatif.

Nous remercions particulièrement Sid et Bea Parnes, nos mentors si sages et généreux.

Sommaire

	page
Préface	**11**

Première partie : La pensée créative, quelques notions — **15**

1. Coacher avec le CPS — 15
2. Le Creative Problem Solving et les six étapes — 17
3. Trois voies pour coacher avec le CPS — 19
4. La pensée créative pour le coaching — 21

Deuxième partie : Coacher des clients avec le CPS — **35**

La prise de contact — **39**

Étape 1. Identifier le souhait : *Que désirez-vous changer ?* — **47**
- 1er temps. Retour sur les exercices — 49
- 2e temps. Instaurer un climat créatif — 50
- 3e temps. Diverger — 50
- 4e temps. Converger — 56
- 5e temps. Revenir sur le processus — 58
- 6e temps. Préparer les exercices personnels — 58

Étape 2. Explorer la situation : *Que se passe-t-il ?* — **67**
- 1er temps. Retour sur les exercices — 70
- 2e temps. Instaurer un climat créatif — 73
- 3e temps. Diverger — 73
- 4e temps. Converger — 78
- 5e temps. Revenir sur le processus — 79
- 6e temps. Préparer les exercices personnels — 79

Étape 3. Définir le problème : *Que voulez-vous accomplir spécifiquement ?* — **83**
- 1er temps. Retour sur les exercices — 87
- 2e temps. Instaurer un climat créatif — 88
- 3e temps. Diverger — 88
- 4e temps. Converger — 91
- 5e temps. Revenir sur le processus — 92
- 6e temps. Préparer les exercices personnels — 93

Étape 4. Générer des idées : *Quelles sont toutes les façons d'y arriver ?* — **97**

- 1er temps. Retour sur les exercices — 99
- 2e temps. Instaurer un climat créatif — 103
- 3e temps. Diverger — 103
- 4e temps. Converger — 108
- 5e temps. Revenir sur le processus — 111
- 6e temps. Préparer les exercices personnels — 113

Étape 5. Concevoir la solution : Que vous voyez-vous faire ? — 117
- 1er temps. Retour sur les exercices — 120
- 2e temps. Instaurer un climat créatif — 121
- 3e temps. Divergence — 121
- 4e temps. Convergence — 123
- 5e temps. Visualiser la nouvelle situation — 126
- 6e temps. Préparer les exercices personnels — 128

Étape 6. Préparer l'action : À vos marques, prêt, partez ! — 133
- 1er temps. Retour sur les exercices — 135
- 2e temps. Instaurer un climat créatif — 135
- 3e temps. Diverger — 136
- 4e temps. Converger — 139
- 5e temps. Créer le plan d'action — 139
- 6e temps. S'organiser pour le coaching à distance — 141

Suivi à distance — 145

Troisième partie : Techniques avancées pour amplifier la conscience — 147

Annexes — 159
1. En savoir plus sur le CPS — 159
2. Instaurer un climat créatif — 163
3. Biographies des auteures — 171
4. Bibliographie — 173

Préface

Sidney J. Parnes, créateur et développeur du modèle Creative Problem Solving avec Alex Osborn a eu la gentillesse peu de temps avant sa disparition de faire cette préface que nous avons traduite scrupuleusement.

« *Sandra Minnee et Olwen Wolfe ont été des leaders inventifs pendant des années à la conférence annuelle Creative Problem Solving Institute produite par la Creative Education Fondation. Leur livre tourné vers la pratique, CREACoaching Boostez votre coaching au moyen de plus de 50 techniques créatives, apporte un nouveau regard sur le processus créatif.*

Le coaching et le Creative Problem Solving (CPS) sont complémentaires : le CPS aide le coach à faire générer de nouvelles idées par le coaché, ce qui est d'un grand secours pour éviter de retomber dans les sentiers battus.

La première partie du livre explique la théorie de la créativité dans le coaching et présente le processus CPS avec les modes de pensée divergents et convergents.

La deuxième partie décrit les six étapes en détail pour permettre l'utilisation du CPS dans le coaching.

Ce livre enrichira la pratique des coachs confirmés. Il élargira la vision des coachs-en-devenir et améliorera leur aptitude à résoudre les problèmes. Je vous souhaite à tous bonne chance et succès dans vos projets. »

San Diego, 2012
Sidney J. Parnes, Ph.D
Professor Emeritus of Creative Studies
Buffalo State University College
Buffalo, NY, USA

Témoignages

Coachs créatifs

« Le Creative Problem Solving apporte des techniques nouvelles et importantes à la pratique du coaching. Plus que cela, l'état d'esprit créatif change la manière dont les coachs comprennent le processus du coaching ; il permet l'existence de moments de divergence qui enrichissent les moments de pensée convergente et de préparation à l'action... »

Marcos Bidart de Novaes
PhD in Social and Human Management in Organizations
Professional Coach, Potenciar
Sao Paulo, Brazil

« Ce livre révèle une connexion évidente et logique entre le coaching et les techniques de créativité à propos de laquelle personne n'a encore écrit ! Quelle bonne idée de proposer de manière simple aux coachs de recevoir de l'inspiration du monde riche et dynamique des techniques de créativité et de la transférer dans leur pratique. Sandra et Olwen montrent la voie !
Amis coachs ne manquez pas ce livre ! »

Clara Kluk
President, Grupo Piensa
Mexico City, Mexico

Coachés

« Mon horizon est bien plus large. Je ne savais pas que j'avais toutes ces pensées, idées, émotions et souhaits dans la tête ! Votre façon de coacher a encouragé leurs expressions et ils jaillissent naturellement maintenant ».

Logistic Manager, multinational Technical Products
Rotterdam, Pays Bas

« Je comprends mieux pourquoi il est parfois difficile pour les autres de me suivre… Je m'exprime en images, que je vois clairement…une idée suit l'autre et je deviens enthousiaste…je crois que je diverge tout le temps…et j'ai parfois besoin de converger aussi! »

Business Developer ICT, consumer services
Amsterdam, Pays Bas

« Je ne me croyais pas créative avant de travailler avec vous. J'ai appris non seulement que je suis créative, mais aussi que je suis douée pour générer des idées et les appliquer à mes projets. C'est même un point fort chez moi! Et qui plus est, cela me plait et m'apporte beaucoup en efficacité! J'ai beaucoup appris sur moi-même et par ailleurs j'ai acquis une méthode que je peux utiliser au travail et dans la vie quotidienne. Cela me rend de plus en plus optimiste – et l'optimisme amène le succès ».

Professeur de psychologie, Paris, France

« Je connaissais le Creative Problem Solving mais je ne l'avais jamais utilisé pour moi-même. C'est bien plus puissant que je ne le pensais! J'étais bloqué par des problèmes depuis longtemps et au fur et à mesure des sessions, ils ont disparu et laissé la place à de nouvelles perspectives qui me regonflent ».

Directeur des Ressources Humaines, New York, NY, USA

PREMIERE PARTIE. La pensée créative : quelques notions, indispensables en coaching

Ici, nous explorerons tout d'abord le concept de créativité. Puis nous introduirons le modèle du Creative Problem Solving et discuterons enfin des différentes pistes possibles pour utiliser ce modèle dans votre pratique de coaching. Nous couvrirons les principes fondamentaux de la pensée créative indispensables au coaching, les principaux freins à une pensée créative et les parades à ces freins.

Nous souhaitons vous impliquer dans la découverte de ces notions en vous demandant de réfléchir à des questions sur lesquelles travailler ; ces questions d'autoréflexion sont identifiées par un point d'interrogation.

1. Coacher avec le CPS : aider les personnes à découvrir comment être plus efficace, avoir plus de succès, et/ou être plus heureux

Qu'est-ce que la créativité et en quoi cela peut-il être d'une grande aide pour le processus de coaching ?

? *Qu'est-ce que la créativité selon vous ? Quand êtes-vous créatif ? Parmi les personnes que vous connaissez, qui qualifieriez-vous de créatif ? Quelles sont leurs caractéristiques, qu'est-ce qui vous amène à les considérer comme créatives ?*

Lorsqu'on leur demande de définir la créativité, les gens donnent des réponses très variées, mais la plupart font référence à la nouveauté ou l'originalité :

- concevoir quelque chose de nouveau ;
- inventer quelque chose de totalement différent ;
- créer quelque chose qui n'existait pas jusque-là.

Le mot créativité trouve son origine dans le latin « creates », qui signifie littéralement « avoir grandi ». Le dictionnaire Larousse le définit comme « capacité, faculté d'invention, d'imagination : pouvoir créateur ». Nous souhaitons ici ajouter notre propre définition : « la créativité, c'est le pouvoir de *dé-couvrir* ».

Cette définition fait référence à notre capacité à découvrir une quantité infinie de possibilités qui nous sont offertes, mais qui nous sont habituellement inaccessibles du fait de freins émotionnels ou intellectuels. Les méthodes et techniques de créativité nous aident à dépasser ces obstacles et à voir les possibilités et les pistes qui sont généralement cachées, ignorées, « à-couvert ».

Dé-Couvrir

En tant que coach, vous aidez vos clients à avancer dans leur désir de clarification et/ou de changement : ils veulent être plus efficaces ou plus heureux dans leur métier – ou plus largement dans leur vie. Leur permettre d'utiliser leur imagination augmente la quantité et la diversité des pistes : vos clients verront plus de possibilités en eux-mêmes et dans les situations qu'ils vivent.

Coacher avec créativité peut se définir comme aider les personnes à *dé*-couvrir comment devenir plus efficace, avoir plus de succès, et/ou être plus heureux. Ni le coach, ni le client n'ont besoin d'être « créatifs » autrement que dans leur style naturel et propre. Les méthodes et techniques de ce livre vous aideront à utiliser cette capacité innée – le pouvoir de *dé*-couvrir aisément.

2. Le Creative Problem Solving et les 6 étapes

Il existe une méthode qui permet de résoudre des problèmes en utilisant la pensée créative pour clarifier les situations et générer de meilleures pistes et solutions, en plus grande quantité.

En 1953, dans son livre *Applied Imagination*[1], Alex Osborn, associé de l'agence de publicité BBDO, a lancé la première version du modèle du Creative Problem Solving. C'était la première fois dans l'histoire que quelqu'un décrivait des techniques qui augmentaient les chances de trouver des idées créatives, dans une démarche délibérée et volontaire. Osborn a inventé le terme brainstorming, dans lequel la pensée est délibérément séparée en deux phases, une phase divergente (flux libre d'idées sans porter de jugement) et une phase convergente (choisir et renforcer les idées les meilleures). En 1954, Osborn rencontra le Dr. Sidney Parnes qui, étant pédagogue, s'intéressait au développement personnel et au développement de l'Humain en général. Les deux hommes partagèrent l'un et l'autre la pratique passionnée, la recherche et l'enseignement de ce qui devint le modèle Osborn-Parnes du Creative Problem Solving (CPS). Dans l'annexe 1 vous pourrez trouver plus d'informations sur les origines du CPS et les différentes manières dont ce modèle continue à évoluer.

---

[1] Osborn, Alex, *Applied Imagination,* Scribner's, 1963

CREACoaching : Boostez votre coaching au moyen de *plus de 50* techniques créatives

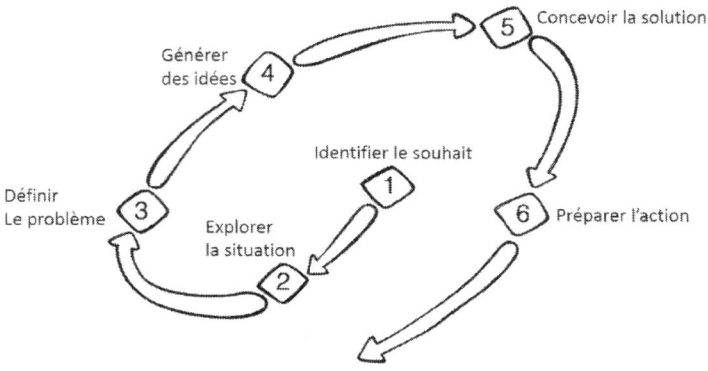

Modèle du Creative Problem Solving

Le modèle est constitué de 6 étapes :

Étape 1. Identifier le souhait : *Que désirez-vous changer ?*
Étape 2. Explorer la situation : *Que se passe-t-il ?*
Étape 3. Définir le problème : *Que voulez-vous accomplir spécifiquement ?*
Étape 4. Générer des idées : *Quelles sont toutes les façons d'y arriver ?*
Étape 5. Concevoir la solution : *Que vous voyez-vous faire ?*
Étape 6. Préparer l'action : *À vos marques, prêt, partez !*

Le Creative Problem Solving (CPS) suit des étapes similaires à d'autres modèles de résolution de problèmes. La différence essentielle réside dans le fait que les principes de la pensée créative sont appliqués à chacune des étapes du CPS. Le CPS s'appuie délibérément sur l'imagination de celui qui résout un problème afin d'augmenter la quantité et la diversité des pistes de solutions possibles. Pour apporter l'imagination dans la résolution de problèmes, chaque étape du CPS est séparée en deux phases distinctes :

- une phase de *divergence* (signalée par le symbole « < » dans la suite du texte), au cours de laquelle une grande quantité de pensées et de possibilités sont collectées, en utilisant différentes techniques de pensée créative, suivie par

- une phase de *convergence* (signalée par le symbole « > » dans la suite du texte), au cours de laquelle ces pensées et ces possibilités sont renforcées, et des choix sont faits sur la base de critères préalablement définis.

Le choix réalisé dans la phase de convergence de chaque étape nourrit alors le démarrage du questionnement de l'étape suivante. Une nouvelle fois, un processus en deux phases est appliqué, l'une de pensée divergente puis l'autre de pensée convergente et ainsi de suite tout au long des 6 étapes du modèle.

Ce modèle peut sembler linéaire. Il est en effet important de le pratiquer ainsi lorsque l'on débute. Mais une fois que vous l'aurez bien compris, vous pourrez l'utiliser avec plus de souplesse, en revenant à des étapes précédentes si nécessaire. Par exemple, si de nouvelles informations arrivent durant l'étape d'élaboration des solutions, vous pourriez avoir le besoin de « revenir » à l'étape de génération d'idées pour produire de nouvelles idées ou pour revisiter les pistes sous un nouvel angle. Le Creative Problem Solving est un processus dynamique et heuristique.

3. Trois voies pour coacher avec le CPS

Toute demande de coaching est motivée par un appel au changement. Le changement désiré peut être grand ou petit, abstrait ou concret. Le CPS est une méthode orientée solution et action. Elle propose un cadre structuré que le coach expérimenté pourra assouplir au besoin.

Il existe différentes manières d'utiliser le CPS en coaching. Dans ce livre, nous vous proposons l'approche la plus complète et la plus détaillée. Sentez-vous libre de chercher comment cette approche fonctionne dans votre pratique, votre style de coaching, et les problématiques de chacun de vos clients.

? Nous vous proposons de considérer trois questions de coaching issues de votre propre pratique à la lumière du CPS. Dans chacun des cas, quel est l'appel au changement ? Comment définiriez-vous le souhait (nouvellement dé-couvert)

de votre client ? À la fin du processus de coaching, qu'est-ce qui apparaît comme étant le cœur du changement ?

Le coaching avec le CPS a prouvé son efficacité concernant le type de questionnements et de besoins de changement suivants :

1. des souhaits très larges d'ordre personnel : *« J'aimerais avoir plus d'inspiration/d'énergie/ me réaliser plus »*, et des questionnements vitaux et des recherches de sens : *« Qu'est-ce que je veux vraiment ? Je cherche quelque chose de complètement différent, mais quoi ? »*
2. des besoins de changement concrets d'ordre professionnel : *« Je veux un travail différent. J'aimerais aborder mon travail d'une manière différente. Je voudrais collaborer mieux avec les autres »*.

3.1 Souhaits très larges d'ordre personnel, questionnements vitaux et recherche de sens : utilisez les 6 étapes du CPS

Un désir de coaching émerge souvent à partir d'un besoin d'inspiration, d'énergie, de passion. *« J'aimerais vraiment faire quelque chose qui me plait, si seulement je savais quoi ! »*.

Les gens viennent souvent vers nous pour trouver un sens à leur vie, un but, un avenir, une signification. Par exemple, après vingt ans d'un dur travail, plein de succès, les managers ressentent le besoin de changer le cours de leur carrière ou de leur vie : *« Je sais que je veux faire quelque chose de complètement différent maintenant, et je voudrais explorer mes possibilités »*. Pour ces questions abstraites qui ont trait au coaching de vie, vous pouvez parcourir les 6 étapes du modèle CPS.

3.2 Besoins de changements concrets d'ordre professionnel : démarrez à l'une des 6 étapes du CPS

Vous pouvez utiliser le CPS pour des besoins de changements plus concrets, comme le besoin de résoudre les conflits plus facilement, ou de mieux gérer le stress. L'objectif de coaching : *« Comment puis-je trouver des moyens de mieux collaborer avec mon équipe ?* » semble parfait pour l'Étape 2, explorer la situation : quels sont les traits de personnalité prédominants ? Quand le stress apparaît-il ? etc.

À l'entretien de prise de contact, vous définissez la nature de la question de coaching et vous pouvez alors démarrer à l'étape du modèle CPS qui est associée à cette question (voir la deuxième partie, prise de contact). Selon les résultats obtenus, vous découvrirez s'il est possible de continuer le cheminement à travers les étapes suivantes du modèle, ou si vous avez besoin de revenir à une étape précédente, parce que des motivations sous-jacentes ou de nouvelles données changent la perspective de votre client.

? *À quelle étape du CPS positionneriez-vous les questions de coaching de vos clients actuels ?*

3.3 Utiliser les techniques de la pensée créative pour améliorer la capacité de résolution de problèmes

Vous pouvez décider de ne pas suivre le modèle CPS et ses étapes, et de n'utiliser que les techniques de pensée créative présentées dans ce livre, en les intégrant dans votre propre méthode de coaching. Quel que soit le moment où vous les appliquerez, elles augmenteront le nombre de solutions et d'idées et ouvriront de nouvelles perspectives. Les techniques sont décrites avec des exemples de sujets pour lesquelles elles ont le plus d'impact. Mais, en créativité, nous sommes dans un monde multiple et souple ! Les techniques peuvent être utilisées à des étapes différentes ou pour répondre à des objectifs différents : elles seront tout aussi efficaces ainsi. Nous vous invitons à vous sentir libres d'expérimenter, et aussi d'inventer vos propres questions, variantes, outils.

4. La pensée créative pour le coaching

La pensée créative a des caractéristiques générales qui sont applicables aux 6 étapes du CPS. Nous nous référerons à ces principes généraux dans les chapitres suivants et tout au long de la troisième partie.

Nous pensons que dans la pratique du coaching, les principes créatifs suivants sont indispensables :

1. Séparer le processus de pensée en deux phases, divergence < et convergence >
2. Supprimer les obstacles à la divergence
3. Traduire les problèmes en questions
4. Instaurer un climat créatif
5. Utiliser le phénomène d'incubation

Nous allons maintenant explorer chacun de ces principes.

4.1 Séparer le processus de pensée en deux phases : divergence < et convergence >

La principale différence entre notre mode de pensée habituel et la pensée créative se trouve dans le concept de la suspension du jugement. Dans la pensée créative, nous sommes attentifs au processus de pensée en lui-même. Nous constatons et reconnaissons le fait que nous jugeons en permanence l'information qui nous arrive par nos sens et notre cerveau : c'est un des facteurs de l'évolution humaine.

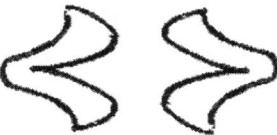

Symboles de Diverger et Converger

? *Combien de fois avez-vous pensé aujourd'hui :* « non, merci », « oui, bonne idée, mais c'est trop cher, cela prend trop de temps », « comme c'est bizarre », « je ne le sens pas pour l'instant », « c'est idiot » *?*

Dans notre façon normale, quotidienne, de penser, nous jugeons l'information entrante immédiatement. Notre cerveau sélectionne constamment des bouts d'information au sein de la quantité énorme dont nous sommes bombardés. Il est intéressant de noter que notre cerveau utilise des critères pour opérer cette sélection. D'autre part, en tant qu'organismes apprenants, nous avons tendance à répéter des comportements qui ont montré leur efficacité par le passé, quand bien même le présent est différent du passé.

Tout ceci s'explique par la recherche neurologique. La recherche sur le cerveau montre que plus nous répétons un comportement, plus celui-ci est ancré dans notre cerveau. Les cellules du cerveau qui sont stimulées simultanément (car nous voyons/entendons/sentons/pensons la même chose) renforcent leurs liens[2]. C'est ainsi que nous apprenons. C'est ainsi que nos routines et habitudes de pensée sont forgées.

Nous pouvons créer de nouvelles connexions entre les cellules de notre cerveau tout au long de notre vie. Mais cela demande plus d'énergie d'en former de nouvelles que de renforcer des connexions existantes. C'est pour cela que les habitudes ressurgissent facilement, y compris dans des situations où nous avons besoin d'agir différemment ou pour lesquelles nous souhaitons montrer une manière de faire différente. Le changement et l'innovation ne sont pas très naturels. Nous devons faire des efforts si nous voulons changer.

Dans notre mode de pensée habituel, nous jugeons immédiatement nos pensées et nos idées, et celles des autres. Dans la pensée créative, c'est cela qu'il faut essayer de modifier, afin de pouvoir trouver plus d'informations et d'idées, nouvelles et différentes, que celles déjà ancrées dans nos cerveaux.

Pour changer cette habitude de jugement, nous pouvons délibérément séparer le processus de pensée en deux modes de pensée différents qui sont utilisés dans les phases suivantes :

Phase 1. Diverger, signalé par le symbole < ; faire une longue liste de pensées ou de pistes (tout en suspendant le jugement)

Phase 2. Converger, signalé par le symbole > ; faire un choix dans cette longue liste (élaborer et alors seulement évaluer)

Nous allons à présent décrire ces deux modes de pensée et les aspects sur lesquels vous voudriez porter une attention particulière en tant que coach.

Phase 1. Diverger < : Oui, et... ! Faire une longue liste
Pendant la phase de divergence, de grandes quantités de pensées et de pistes possibles sont collectées sans les juger d'aucune manière que ce soit. Par exemple, vous repoussez le

---

[2] Sitskoorn, M., *Het maakbare brein,* 2006-Seung, S., *Connectome,* 2012

jugement sur les idées (est-ce faisable ? est-ce ça marche ?) à un autre moment.

Les règles pour diverger sont :

- différer ou suspendre mon jugement ;
- adopter une attitude « Oui, et ! » et grâce à cela, générer une longue liste des souhaits possibles, des données, des objectifs, des idées, des solutions, des actions (selon l'étape du CPS dans laquelle vous vous trouvez) ;
- chercher des pensées et idées folles, étonnantes ;
- combiner et construire sur les choses dites et pensées précédemment dans le processus ;
- tout noter.

Quand les gens divergent, des obstacles apparaissent souvent, rendant difficile la tâche de continuer à allonger la liste. C'est pourquoi nous nous attaquerons aux quatre obstacles principaux à la divergence dans le paragraphe 4.2. Nous vous suggérerons des moyens de les gérer quand vous coachez votre client.

Phase 2. Converger > : Et maintenant, ceci… ! Faire un choix

C'est la deuxième phase du processus de la pensée créative. C'est le moment où des choix sont faits dans le large volume de pensées ou d'idées qui ont été générées. Dans le modèle du CPS, ces choix déterminent le démarrage de l'étape suivante, et ainsi influencent ce que l'on obtient à l'issue du processus créatif. C'est pourquoi la phase de convergence est aussi importante que la phase de divergence.

Les règles pour converger sont :

- garder à l'esprit le souhait ou l'objectif : comment tel ou tel aspect est en lien avec mon souhait ou mon objectif, comment l'en rendre plus proche, comment cela peut-il m'amener à réussir ?
- modifier et améliorer les idées pour qu'elles répondent mieux à mes besoins et à mes critères ;
- choisir en fonction de critères (par exemple, l'information *la plus importante*, l'idée *la plus inspirante*) ;

- choisir avec un état d'esprit positif : récolter, glaner, sélectionner plutôt qu'éliminer.

Il est crucial de comprendre que converger n'est pas simplement choisir. C'est aussi construire et intégrer les pensées. Une information importante peut être développée en détail ; des idées prometteuses peuvent être renforcées et modifiées pour devenir de meilleures solutions. Le Creative Problem Solving est un processus dynamique, évolutif.

Votre rôle de coach dans la phase de convergence est d'aider votre client à formuler les critères de choix. À certaines étapes, ces critères sont plus « durs », dans le sens mesurable du terme, qu'à d'autres étapes. Nous en reparlerons dans chacun des chapitres.

La séparation du processus de pensée en une phase de divergence suivie d'une phase de convergence est un élément essentiel de la pratique du coaching créatif. Les quatre principes qui suivent aident également à stimuler la pensée créative de votre client.

4.2 Supprimer les obstacles à la divergence

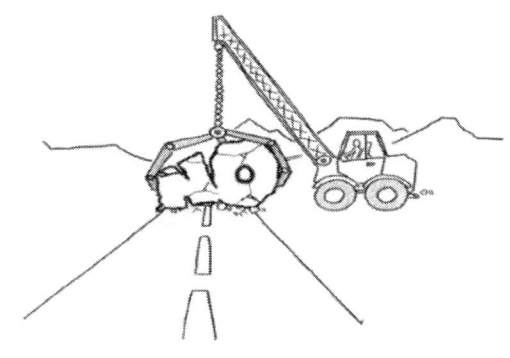

Éliminer les obstacles

Faire de longues listes n'est pas toujours facile. Quand le flot d'informations ou d'idées s'épuise, il est possible que votre client rencontre l'un des obstacles décrits ci-dessous.

Obstacle 1. Tueurs d'idées, difficultés à différer le jugement

Des croyances, des doutes, l'autocritique, tout cela nous empêche de penser de manière créative. À chaque fois qu'ils commencent à avoir des idées inattendues, leur critique intérieur a sa petite phrase tout prête qui commence par « *Oui, mais...* » - il répond même parfois simplement « *NON !* »

- Je ne peux pas faire ça...
- J'ai déjà essayé ça et...
- Cela ne marchera pas !
- C'est impossible dans notre équipe...
- Cela n'apportera pas d'argent...
- Cela va prendre beaucoup de temps...

L'attitude « *Oui, mais...* » freine. « *Oui, mais...* » amène des limitations. C'est le lieu de tous les jugements qui dans le monde de la créativité sont appelés des « idéïcides » (Van Oech[3]). Les « idéïcides » ralentissent le flot des idées jusqu'à parfois l'arrêter complètement. Juste après avoir pensé « Oui, mais... », même si les mots ne sont pas prononcés, il est plus difficile de trouver de nouvelles idées.

Quand le flot de pensées ralentit, vous pouvez demander à votre client de penser à voix haute. Souvent, une pensée limitatrice ou une croyance a besoin d'être exprimée. Ce lâcher-prise peut être plus ou moins facile, et prendre plus ou moins de temps. Il peut y avoir de profonds ancrages, de vieilles blessures, ou des pressions sociales négatives. Cela peut se révéler très douloureux pour votre client d'entendre les croyances (auto) limitatives qui (inconsciemment) freinent sa pensée. Douloureux, et aussi libérateur. Car une fois identifiées, on peut travailler avec et les changer délibérément – ou tout du moins les gérer consciemment. Quel que soit le réalisme des pensées limitatrices, elles n'ont pas lieu d'être dans la phase de divergence de la pensée créative, là où les

---

[3] Van Oech, R, *A Whack on the Side of Your Head*, Warner Books, 1983

idées doivent advenir librement et abondamment afin de pouvoir faire de longues listes. C'est pourquoi nous les gardons pour une autre phase, celle de la convergence, en prenant soin de les transformer en critères. Ainsi, « l'idéïcide » « *Cela ne marchera pas !* » devient le critère « Efficacité », et « *C'est impossible dans notre équipe* » devient « Compatibilité avec l'esprit de l'équipe » ou « Adhésion », etc.

« *Oui, et...* » élargit l'exploration.
Chaque étape du modèle CPS inclut une phase de divergence. Vous aurez peut-être aussi à rappeler à votre client de différer le jugement et de penser réellement en mode « *Oui, et...* »

« *Oui, et...* » est un appel aux nouvelles idées, aux données supplémentaires, à de plus en plus de solutions (voir annexe 2 : Instaurer un climat créatif).

? *Aujourd'hui, essayez de changer tous les « Oui, mais... » que vous prononcez en « Oui, et... » et observez ce qui se passe. Il se peut que certains obstacles reculent et que de nouvelles perspectives s'ouvrent à vous ?*

Obstacle 2. Les présupposés inconscients
Bruce Baum propose un exercice amusant pour commencer à penser de façon créative.

? *Nous connaissons tous les chiffres romains. Je vous propose de faire un six avec le chiffre romain 9 (écrivez IX sur une feuille) en ajoutant un seul trait ?*

La solution est... [4]

Pourquoi la plupart des gens ont du mal à trouver cette solution ? Nous avons en général au moins un présupposé implicite parmi ceux-ci : il faut que ce soit écrit en caractères romains, il faut que cela soit une ligne droite, cela devrait être un nombre et non un mot. Mais si vous y regardez de plus près, aucune de ces affirmations n'a été dite dans les consignes. C'est nous qui les ajoutons. Dans notre façon de penser « normale », nous avons tendance à nous limiter, selon des critères qui en fait n'existent pas vraiment. Nous les

---

[4] SIX

créons. Nous fabriquons nous-mêmes cette boîte dans laquelle nous pensons que notre réflexion doit être contenue (voire notre vie).

Cette façon d'apprendre, de créer des schémas de pensée et des comportements basés sur l'expérience est nécessaire pour évoluer. Hier, nous avons trouvé de l'eau à tel puits. Aujourd'hui nous commençons par revenir au même puits pour voir s'il y en a toujours, et ce, avant de chercher un autre puits ailleurs. C'est efficace et cela nous aide à ne pas « réinventer deux fois la même roue ». Mais ces mêmes expériences nous limitent quand il s'agit d'inventer une roue totalement différente !!

C'est pourquoi le coach doit être attentif aux présupposés implicites, et souvent inconscients, que ses clients peuvent avoir.

Obstacle 3. Le sentiment d'inconfort : ce qui est inconnu n'est pas apprécié
Continuer à explorer les possibilités plus longtemps que nous ne le faisons habituellement au quotidien, maintenir des silences dans lesquels de nouvelles idées peuvent naître, et dire des choses « bizarres », tout cela peut nous donner un sentiment d'inconfort. C'est un sentiment qui est associé à ce que l'on appelle la « zone d'inconfort ». C'est une zone de comportements inconnus, de choses que nous n'avons jamais faites auparavant dans notre vie. C'est ce territoire inconnu où nous devons aller si nous voulons découvrir quoique ce soit de nouveau. Cela peut paraître bizarre, parce que c'est nouveau. Et nouveau = inconnu = méfiance.

Mis à part les comportements auxquels nous sommes habitués, il existe une autre raison pour laquelle la génération d'idées s'interrompt souvent trop tôt. Certains clients peuvent avoir (inconsciemment) peur de ce qu'ils pourraient trouver. Ils ont le sentiment que s'ils reconnaissent ne pas être contents de leur vie, et qu'ils trouvent des solutions pour redevenir heureux, ils pourraient avoir à changer.

Le changement est effrayant, quand bien même on a un coach, et ainsi le flux des idées pourrait s'arrêter là.

Obstacle 4. « *Sauter à pieds joints dans l'action* », *vouloir décider et agir top tôt*

Souvent, nous n'avons ou nous ne prenons pas assez de temps pour examiner attentivement un problème, ou pour en parler, pour laisser la place à de nouvelles informations. Nous voulons que tout se passe vite. Nous voulons des solutions rapidement, nous voulons agir. Cela réconforte notre esprit ; cela donne un sentiment de maîtrise. Ainsi, nous prenons la première option à laquelle nous pensons et ne cherchons pas plus loin – pourquoi devrions-nous le faire, nous avons trouvé une réponse à notre problème, non ?

Malheureusement, ici aussi, le fonctionnement naturel de notre cerveau se met en travers de notre chemin. Il commence par nous donner l'information connue, dont on se souvient, la plus plausible. Si nous voulons aider nos clients à réellement découvrir quelque chose de nouveau, nous devons les aider à regarder les choses plus longuement, et plus loin qu'ils n'ont l'habitude de le faire.

Chaque client qui démarre sur le chemin de la pensée créative est en général encouragé plus d'une fois pendant une session à penser différemment, à collecter plus d'informations, plus inhabituelles, différentes. Il est aussi encouragé à différer l'action, même s'il en a envie. En tant que coach, vous pouvez rassurer votre client : le sentiment d'inconfort qu'il peut ressentir est normal et peut être un signe positif qu'il est déjà en train de changer et de devenir plus ouvert !

4.3 Transformer les problèmes en questions

La pensée créative vient plus facilement si vous traduisez les problèmes en questions motivantes. Ces questions suscitent inévitablement un besoin d'y répondre, et par conséquent une recherche de solutions.

Le problème « *je ne me sens plus bien dans mon travail* » est statique. La question « *Comment faire pour me sentir tout à fait bien dans mon travail ?* » est dynamique et motivante. Et traduire un problème lors de la phase de divergence en une série de différentes questions - qui ont toutes à voir avec différents aspects et points de vue sur celui-ci - est encore plus dynamique :

- Comment pourrais-je renforcer et élargir les aspects positifs de mon travail ?

- Comment faire pour encourager mon patron à améliorer ma satisfaction au travail ?
- Comment pourrais-je faire plus de choses que j'aime dans mon travail, pour lesquelles je n'ai pas de temps à l'heure actuelle ?
- Comment puis-je déléguer plus astucieusement ?
- Comment faire pour ajouter à mon travail des composantes qui pour l'instant sont liées à un autre travail ?
- Etc.

? Prenez s'il vous plaît un problème qui vous ennuie en ce moment. Écrivez-le sur une feuille. Maintenant, traduisez ce problème en question. Adoptez une attitude « Oui, et... » et commencez à transformer votre problème dans tous les sens en vous posant une série de questions relatives à son sujet. Formulez vos phrases à la première personne, en commençant par « Comment pourrais-je faire en sorte de ... ? » Observez vos réactions. Que se passe-t-il ? Peut-être que l'essence de votre problème devient de plus en plus claire ? Peut-être que vous avez envie de plonger dedans encore plus ?

Transformer les problèmes en questions

Dans l'Étape 3 du modèle CPS, Définir l'Objectif, c'est exactement ce que vous demanderez à votre client de faire : traduire son problème sous forme de questions aussi différentes que possible (divergence) et ensuite choisir la plus essentielle (convergence). Dans cet exemple, « essentiel » est le critère de convergence.

4.4 Instaurer un climat créatif

Rien n'est plus préjudiciable à la créativité que l'injonction : « Sois créatif, MAINTENANT ! ».

Nous n'avons pas l'habitude de penser de façon créative. C'est pourquoi il faut préparer le terrain avant de vous engager dans un brainstorming ou de travailler des idées avec votre client. Vous devez créer ensemble un climat, une atmosphère dans laquelle la pensée créative pourra s'épanouir.

Climat créatif

Quelles sont les caractéristiques d'un climat créatif ?

Tout d'abord, dans le coaching avec CPS, les éléments habituels pour établir une relation coach-client fructueuse sont inclus :

- la confiance et une relation dans laquelle des informations « sensibles » peuvent être partagées ;
- la sécurité, rien n'est étrange ou bizarre, le client est accepté de façon inconditionnelle et tout ce qu'il dit est confidentiel ;
- l'efficacité, les interventions et les actions du coach contribuent à atteindre le but du processus de coaching.

Ensuite, viennent des conditions plus spécifiques qui facilitent la pensée créative :

- apprendre à différer le jugement ;
- accueillir les idées nouvelles et inhabituelles ;
- rechercher des combinaisons et des solutions inattendues ;
- chercher des informations et des idées plus longtemps que d'habitude afin d'ouvrir de nouvelles perspectives.

Pendant le rendez-vous de prise de contact initial, vous pourrez avoir envie de faire un certain nombre d'exercices qui aident à créer l'atmosphère désirée (voir annexe 2).

? *Essayez ces exercices vous-même ! Observez comment ils vous affectent, à des moments différents, dans différentes phases de votre travail : un court exercice de relaxation, de la brain gym, transformer des* « *Oui, mais…* » *en* « *Oui, et…* »

Faire ces exercices permet à vos clients de se familiariser avec les principes de la pensée créative. Ils peuvent aussi identifier certains des obstacles de la pensée divergente. Pendant le processus, vous continuerez à être attentif à l'identification de ces obstacles et à les éliminer, ou tout du moins, à les mettre de côté durant le processus de coaching.

4.5 Utilisez l'incubation : faire une pause dans la recherche et ne pas penser au problème pendant un moment

Nous connaissons tous l'effet Eureka : ce phénomène un peu particulier qui peut survenir quand on fait une découverte, quand une solution à un problème difficile apparaît. L'état de la recherche montre que cet instant survient souvent lorsque l'inventeur n'a pas pensé à son problème depuis quelque temps. Archimède a pris un bain et a trouvé comment mesurer les volumes, Newton a vu une pomme tomber d'un arbre et a découvert la gravitation.

Incubation

Beaucoup de gens trouvent leurs meilleures idées en conduisant (vive les embouteillages !), pendant leur jogging matinal ou sous leur douche. En fait, 95% des idées n'arrivent pas au bureau ou au travail (Hurson[5]) ! « Dormez dessus » est un conseil avisé pour trouver des solutions à des problèmes qu'on ne peut résoudre immédiatement. Ces instants Eurêka surgissent quand nous ne réfléchissons pas de manière consciente au problème en question. Nous faisons une activité simple, monotone, facile qui ne mobilise pas beaucoup de notre « capacité mentale ». Nous laissons de la place dans notre cerveau pour créer de nouvelles connexions entre le problème et les nouvelles données et idées qui tournent

---

[5] Hurson, T, *Think Better*, McGraw Hill, 2008

autour de lui. Ce « temps de travail mental passif » après avoir réfléchi à un problème est appelé l'incubation (Wallas[6]).

Pendant que nous pratiquons le coaching avec CPS, nous tentons aussi d'utiliser le pouvoir de l'incubation. Nous créons de manière délibérée des temps entre les rendez-vous et planifions également des moments de relaxation pendant les rendez-vous, pour favoriser l'incubation.

---

[6] Wallas, *G, The Art of Thought*, Harcourt, Brace & World, 1926

DEUXIÈME PARTIE. Coacher des clients avec le modèle Creative Problem Solving

Le Creative Problem Solving est une méthode de pensée structurée en six étapes distinctes. Dans le coaching que nous décrivons, chaque étape correspond à une session de coaching en face à face. Pour chacune de ces sessions, ainsi que pour les temps d'intersession, nous expliquons comment utiliser des techniques de créativité spécifiques pour stimuler la pensée imaginative. La valeur ajoutée de cette approche systématique repose sur le fait que les gens découvrent de nouvelles possibilités, et se créent ainsi plus d'options pour eux-mêmes.

Ni le client ni le coach n'ont besoin de compétences spécifiques en matière de techniques créatives, ni n'ont besoin d'être particulièrement créatifs pour pouvoir bénéficier de cette méthode : chacun est créatif, d'une façon ou d'une autre, et la méthode décrite dans ce livre vous aide et aide le client à utiliser ces capacités naturelles de façon plus consciente.

Cette partie du livre est un guide détaillé et pratique pour coacher les clients avec le CPS. Nous examinerons les aspects de la prise de contact qui sont spécifiques au coaching créatif. Nous décrirons ensuite chaque étape du modèle CPS en détail, dans des chapitres différents :

Étape 1. **Identifier le souhait** : *Que désirez-vous changer ?*
Étape 2. **Explorer la situation** : *Que se passe-t-il ?*
Étape 3. **Définir le problème** : *Que voulez-vous accomplir spécifiquement ?*
Étape 4. **Générer des idées** : *Quelles sont toutes les façons d'y arriver ?*
Étape 5. **Concevoir la solution** : *Que vous voyez-vous faire ?*
Étape 6. **Préparer l'action** : *À vos marques, prêt, partez !*

Dans chaque chapitre, nous proposons : des suggestions détaillées sur la façon de concevoir la session d'une étape particulière ; des techniques créatives que vous pouvez utiliser ; le matériel dont vous avez besoin ; et les consignes des exercices d'intersession que vous soumettrez au choix de votre client.

Le dernier chapitre, Étape 6, se termine par des recommandations concernant le télé-coaching, qui peut être utilisé en suivi quand le client est à nouveau seul.

Chaque session est découpée selon les 6 temps suivants :

1. Retour sur les exercices d'intersession (10-15 minutes)
2. Instaurer un climat créatif (5-10 minutes)
3. Divergence (30 minutes)
4. Convergence (30 minutes)
5. Retour sur le processus (20-25 minutes)
6. Préparer les exercices pour la session suivante (10 minutes)

Une icône est placée juste avant le titre de chaque temps pour un repérage visuel rapide.

Les durées entre parenthèses sont une indication. Elles proviennent d'une estimation faite d'après notre expérience ; en réalité la durée varie selon chaque étape du processus et vous devrez vous adapter. Les sessions que nous décrivons dans ce livre durent deux heures maximum.

La méthode comporte des listes de questions de coaching qui proviennent de techniques de réflexion créative.

Les techniques de réflexion créative aident à trouver et à choisir des options à la fois nouvelles et réalisables. L'application de ces techniques aide chacun à penser de manière plus inventive et constructive sans trop d'effort. En fait, ce sont les techniques qui réfléchissent de manière créative pour votre client.

Dans ce livre, nous décrivons plus de 50 techniques pour vous aider à accompagner votre client dans sa recherche d'une vie et d'un travail plus agréables et gratifiants. Nous avons transformé ces techniques en questions à poser lors des sessions, regroupées par étape du coaching selon le modèle CPS. En effet, il est possible de dérouler tout le CPS en n'intervenant que sous forme de questions ouvertes[7].

---

[7] Wolfe, O., *J'Innove comme on respire,* Le Palio, 2007, page 77 à 92.

Nous avons conçu les questions afin d'aider les coachés à accéder à ces leviers créatifs puissants que sont :

1. La nouveauté : des solutions ou des façons de travailler que le coaché n'a pas encore imaginées
2. L'idéalisation : prendre contact avec des rêves, s'ouvrir à des souhaits, des désirs, des aspirations
3. La révélation : créer ou attribuer plus de sens à certains aspects de la vie ou du travail
4. La modification :
   - Ajouter ou éliminer : ajouter des activités qui génèrent de la réussite, éliminer les obstacles à l'accomplissement de soi
   - Augmenter ou réduire : accroitre l'énergie, diminuer le stress

Au début, il est conseillé de suivre la structure proposée. Lorsque vous serez plus habitués aux étapes, techniques et consignes, nous vous invitons à les adapter en fonction de votre propre intuition. Le coaching est une profession créative et ce livre peut avoir comme effet secondaire pour vous le développement de votre propre créativité. Sentez-vous libre d'ajouter, d'enlever, de renforcer ou de minimiser des éléments, en vous fondant sur votre propre expérience de coach et sur votre style de coaching !

La prise de contact

La prise de contact
Le sujet, le climat créatif et les exercices personnels

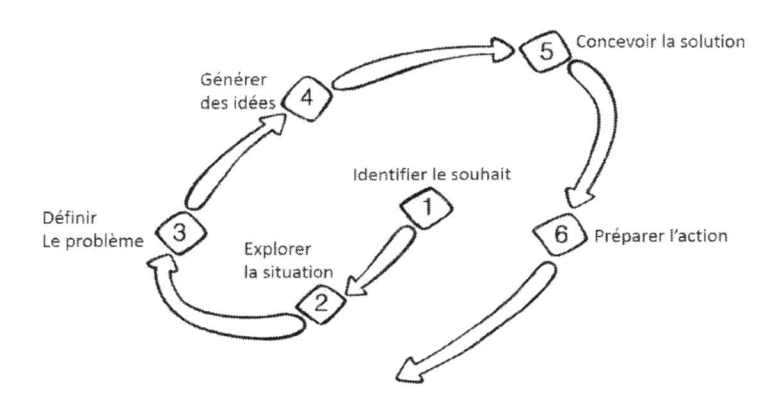

Étape 1. Identifier le souhait : *Que désirez-vous changer ?*
Étape 2. Explorer la situation : *Que se passe-t-il ?*
Étape 3. Définir le problème : *Que voulez-vous accomplir spécifiquement ?*
Étape 4. Générer des idées : *Quelles sont toutes les façons d'y arriver ?*
Étape 5. Concevoir la solution : *Que vous voyez-vous faire ?*
Étape 6. Préparer l'action : *À vos marques, prêt, partez !*

Sujet

Si vous envisagez d'utiliser le modèle CPS pour votre coaching, il vous faut inclure quelques éléments spécifiques à la prise de contact. Vous couvrirez les aspects habituels comme l'exploration des attentes et des désirs, les notions de temps et de budget. D'autre part, vous devrez aussi clarifier à quelle étape du modèle CPS la question de votre client se situe et ainsi identifier quel est votre point de départ :

> o Une question générale, personnelle ou professionnelle : Étape 1. **Identifier le souhait** :

Que désirez-vous changer ? Déterminez votre souhait
- Évaluation d'une situation, analyse de talents, ou exploration : Étape 2. **Explorer la situation** : *Que se passe-t-il ?* Collectez les données
- Solutions pour un problème spécifique : Étape 3. **Définir le problème** à résoudre ou l'opportunité à saisir
- Trouver des idées : Étape 4. **Générer des idées** : *Quelles sont toutes les façons d'y arriver ?*
- Aide pour agir et trouver la motivation : Étape 5. **Concevoir la solution** : *Que vous voyez-vous faire ?*
- Et/ou Étape 6. **Préparer l'action** : *À vos marques, prêt, partez !*

Parfois, un client vient à vous pour « trouver ce qu'il veut » ou encore « savoir ce qui l'inspire ».

Même si ces questions semblent être le résultat attendu d'un processus de coaching, il n'en reste pas moins qu'il vaut mieux les prendre comme point de départ et ainsi chercher à faire émerger un souhait bien identifié.

Dans d'autres cas, un client peut demander de l'aide pour un problème spécifique ou une action concrète comme *« je veux trouver un autre métier dans le même secteur d'industrie »*.

Voici ce que vous pouvez alors faire :

1. Proposer d'aborder le problème sous un angle plus large et commencer par chercher les facteurs sous-jacents de ce souhait ; l'expérience montre que très souvent ils ne sont pas suffisamment explorés. Dans ce cas, vous démarrerez l'Étape 2, Explorer la situation ;

2. Démarrer directement avec le sujet spécifique « trouver un autre métier dans le même secteur d'industrie » dans l'étape correspondante du modèle CPS, à savoir dans cet exemple précis Étape 5, Solutions. En effet, le client n'est pas encore passé à l'action, il est donc utile d'explorer avec lui la validité de sa solution et de vérifier si trouver un autre métier dans le même secteur d'industrie est une réponse adéquate. À partir de là, vous saurez plus clairement si vous continuez à l'étape

suivante l'Étape 6, Action, ou si vous devez aller en amont à l'Étape 3 (Problème) ou même l'Étape 1 (Souhait).

Lorsque vous démarrez par l'Étape 3 jusqu'à l'Étape 6 dans le modèle, se posent très souvent les questions du pourquoi concernant l'apparition du problème, ou des actions déjà mises en œuvre. Dans ce cas, vous pouvez rapidement passer par les Étapes 1 et 2 afin d'identifier un souhait plus profond, plus impliquant, ainsi que les faits qui l'ont motivé. Vous pourrez ainsi définir un problème ou une opportunité plus pertinents dans l'Étape 3, ou encore un plan d'action meilleur dans l'Étape 6.

Décider d'une durée longue ou courte de coaching

Un coaching fondé sur le CPS est idéalement conçu avec un minimum de six sessions de deux heures après le premier rendez-vous de prise de contact, avec des temps d'intersession de deux à trois semaines. Cela porte la durée totale du coaching à trois mois et demi ou cinq mois. Si cela est trop long pour votre client, et si le problème est bien défini et concret, vous pouvez faire le choix d'une version accélérée et organiser une session CPS d'une journée au cours de laquelle les 6 étapes seront couvertes. L'inconvénient de cette version est que l'incubation créative et les réalisations spontanées personnelles qui mènent à la transformation seraient limitées à ce qui se passera après cette journée. Dans ce cas, il est recommandé de proposer une session supplémentaire de support qui reviendra sur les réalisations et les changements effectués.

Une version accélérée pour une session spécifique orientée sur les solutions peut inclure une deuxième personne, comme par exemple un ami proche, un collègue ou un conjoint. Le rôle de cette personne doit être clairement défini : c'est une aide qui fait des propositions constructives, ou encore un second client si vous intervenez sur un projet commun ou une relation.

Bien sûr, il y a de nombreuses façons de structurer les sessions : celles que nous avons décrites plus haut sont deux extrêmes, et les deux donnent des résultats. Dès lors que vous aurez expérimenté les différentes étapes du coaching avec le CPS, il vous sera plus facile de l'utiliser avec souplesse et de savoir où commencer dans le modèle. Nous décrivons dans ce livre la version complète.

Instaurer un climat créatif

Pour la plupart des clients, la pensée créative est une nouvelle compétence. Il est recommandé d'instaurer un climat créatif dès le démarrage, y compris dès la première prise de contact. Voici comment vous pouvez le faire :

1. Après avoir examiné le contrat et les buts du coaching, donnez quelques informations sur votre approche, comme :
   - Le modèle CPS, comment il fonctionne, l'objectif principal de chaque étape et par laquelle vous démarrerez ;
   - Le premier principe fondamental de la pensée créative, séparer le processus de pensée en deux phases, la divergence et la convergence ;
   - L'utilisation des intersessions pour des exercices individuels, qui requièrent de la part de votre client de prendre le temps nécessaire.
2. Avec votre client, pratiquez quelques exercices pour mieux lui faire comprendre les principes fondamentaux de la pensée créative (voir Annexe 2). Après chaque exercice, vous échangerez avec votre client sur son expérience liée à l'exercice et préciserez son but. Un trio qui fonctionne bien est le suivant :
   - « Oui, mais... », « Oui, et... » (apprentissage : une attitude « Oui, et... » est constructive et permet la nouveauté)
   - La moitié de huit (apprentissage : il y a toujours plus d'une réponse à une même question)
   - De IX à 6 (apprentissage : nous nous limitons souvent inconsciemment nous-mêmes)
3. Demandez à votre client d'adopter une attitude « Oui, et... » durant le coaching et de rester curieux afin d'explorer en chemin ses éventuels jugements limitatifs et ses préconçus.

Cahier de bord

Le CPS est une méthode avant tout verbale qui bénéficie de la prise de notes. Lors de la première prise de contact, vous pouvez donner à votre client un carnet de bord qu'il utilisera pour prendre des notes pendant les sessions et dans les intersessions. Il pourra aussi lui servir de journal intime, comme pour réaliser ses exercices intersession. Habituellement, ce carnet de bord devient un coffre à trésor rempli d'informations diverses collectées tout au long du processus de coaching ; les clients aiment les garder et y font souvent référence.

Le travail préparatoire en intersession

À la fin de la prise de contact, si vous et votre client ressentez une bonne alchimie entre vous, vous pouvez planifier la première session une à deux semaines plus tard. Donner des exercices préparatoires à votre client lui permettra de s'engager dans le processus activement et aussi à un niveau subconscient. Habituellement, une telle préparation est très appréciée et les clients peuvent dire des choses comme :

- « d'une certaine façon, nous commençons déjà »
- « cela devient plus concret pour moi »
- « j'ai hâte que l'on se revoie ».

Les consignes d'exercices préparatoires spécifiques seront alignées avec ce qui aura été discuté pendant la prise de contact. À la fin de cette section à propos de la prise de contact, vous trouverez une liste de consignes générales, dans lesquelles vous pourrez piocher en vue de préparer l'Étape 1, **Identifier le souhait.**

Nous préconisons deux types d'exercices pour les périodes d'intersession :

- Les exercices généraux à faire pendant toute la durée du coaching (vous trouverez les indications ci-dessous et à la fin de l'Étape 1, Identifier le souhait)
- Des exercices spécifiques à chaque étape, conçus en relation à l'étape qui vient d'être vécue et en préparation de l'étape suivante.

Si vous commencez à une étape différente du modèle CPS, vous trouverez des suggestions d'exercices intersession à la fin du chapitre sur l'étape précédente.

Lors des sessions de coaching, une discussion sera menée au sujet des résultats des exercices d'intersession. Ces résultats deviennent souvent une donnée importante pour le démarrage de chaque étape.

Choisissez avec votre client deux ou trois exercices dans la liste suivante :

1. Tenez un journal : prenez des notes tous les jours sur ce qui s'est passé ce jour-là, ce qui vous a touché, que ce soit en positif ou en négatif, et pourquoi.
2. Soyez attentif ! Quand vous regardez la télévision, quand vous lisez le journal, un livre ou un magazine, quand vous êtes à une soirée ou au travail, qui vous inspire ? Qui admirez-vous ? De qui pouvez-vous même être un peu jaloux ?
3. Repensez à votre enfance et votre adolescence : qu'aimiez-vous faire alors ? Qui vouliez-vous être comme adulte ? Que pensiez-vous être réellement merveilleux ?
4. Visitez un endroit sur la Terre (réellement ou virtuellement, dans votre mémoire, votre imagination ou sur internet) où vous voudriez être ou aller : qu'aimez-vous dans cet endroit, qu'est-ce qui vous y attire ?
5. Rassemblez des articles, des photos et des interviews ou téléchargez des films qui expriment quelque chose que vous voudriez être ou avoir.

CREACoaching : Boostez votre coaching au moyen de *plus de 50* techniques créatives

Identifier le souhait

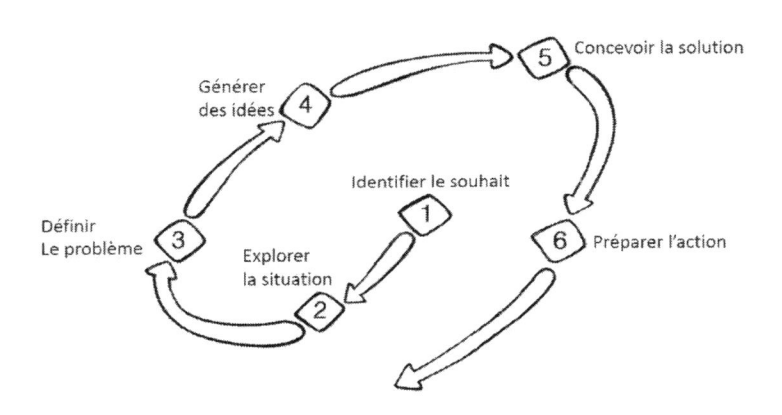

Étape 1. Identifier le souhait
Que désirez-vous changer ?

Modèle Parnes-Osborn Creative Problem Solving

Étape 1. **Identifier le souhait** : *Que désirez-vous changer ?*
Étape 2. Explorer la situation : *Que se passe-t-il ?*
Étape 3. Définir le problème : *Que voulez-vous accomplir spécifiquement ?*
Étape 4. Générer des idées : *Quelles sont toutes les façons d'y arriver ?*
Étape 5. Concevoir la solution : *Que vous voyez-vous faire ?*
Étape 6. Préparer l'action : *À vos marques, prêt, partez !*

Dans cette première étape du coaching avec le Creative Problem Solving, vous aiderez votre client à déterminer son souhait, ou but. Que cherche-t-il à atteindre, dans le travail ou dans la vie en général ? Quel est le résultat final qu'il désire obtenir ? Parmi plusieurs souhaits, sur lequel désire-t-il que le processus de coaching soit concentré ?

Dans l'Étape 1, vous aiderez votre client à explorer de façon créative (diverger), puis choisir (converger) le souhait le plus important pour lui à ce moment-là. Un des critères pour choisir ce souhait sur lequel vous allez travailler ensemble est l'utilité du Creative Problem Solving pour le réaliser.

~~~~~

Étude de cas

Mary (42 ans), manager RH dans une grande entreprise, ne se sent plus heureuse dans son travail, quand bien même elle est très appréciée et a beaucoup de succès. Ces derniers mois, elle se sent oppressée, elle dort mal et a des migraines. Elle sait qu'elle devrait changer des choses, mais elle ne sait pas lesquelles.

Après avoir divergé et convergé, Mary a choisi de travailler à réaliser le souhait suivant : « *Ce serait génial si je pouvais atteindre mon top professionnel !* »

~~~~~

Un souhait dans l'Étape 1 devrait répondre aux caractéristiques suivantes : ce souhait peut être réalisé de multiples façons, et celles-ci ne sont pas claires dans l'immédiat, le souhait est ouvert et a une formulation générale, et – le plus important – il est très motivant et inspirant pour le client. Quelques exemples de tels souhaits :

- Je voudrais que mon travail me donne plus d'énergie
- J'aimerais ressentir plus d'inspiration dans ma vie
- Je voudrais utiliser mes talents au maximum

Un souhait tel que « *j'aimerais gagner au loto* » ne demande pas beaucoup de créativité pour être réalisé, puisqu'il suffit de dire « *achète un ticket !* ». S'il existe une réponse concrète, facile, accessible, le souhait ne devrait pas être retenu comme résultat de l'Étape 1.

Les souhaits sont comme des portes ouvertes, ils invitent. Ils sont formulés positivement. Il n'y a pas de « ne pas » ou de « non » dans un souhait. Un souhait comme « *je ne veux plus être travaillomane* » doit être reformulés par exemple ainsi : « *j'aimerais trouver un équilibre parfait entre mon travail et ma vie personnelle* »

> **Résumé**
>
> Le début de l'Étape 1 est un appel au changement, le désir d'explorer de nouvelles possibilités, ou d'améliorer une situation.
> La fin de l'Étape 1 est un souhait, sous forme d'une phrase comme « *J'aimerais...* » ou « *Ce serait génial si...* »
> La fin de l'Étape 1 est le début de l'Étape 2, **Explorer la situation**.

Déroulé de la session

Cette session se découpe en 6 temps :

1. Retour sur les exercices choisis lors de la première rencontre (10-15 minutes)
2. Instaurer un climat créatif (5-10 minutes)
3. Diverger (30 minutes)
4. Converger (30 minutes)
5. Revenir sur le du processus (20-25 minutes)
6. Préparer les exercices intersession pour l'Étape 2, **Explorer la situation** (10 minutes)

1er temps. Retour sur les exercices

Vous pouvez discuter avec votre client de la façon dont il a vécu les exercices en explorant ces questions :

- Comment cela s'est-il passé pour vous de faire ces exercices ?
- Comment vous êtes-vous débrouillé ?
- Qu'avez-vous découvert ?

Vous pouvez souligner le fait que vous ne discuterez pas immédiatement du détail du contenu des exercices, mais que cela sera fait pendant l'activité de divergence, au cours de l'entretien.

Dans le cas où votre client n'aurait « *pas trouvé le temps* » pour cette préparation, cherchez à savoir pourquoi. Y-a-t-il eu des raisons spécifiques comme une surcharge de travail, ou une maladie, ou est-ce un manque de motivation ? Clarifiez les raisons et les sources possibles de résistance. Expliquez à nouveau le but de ce travail personnel, sa plus-value dans votre approche du coaching. Si la résistance a une cause plus profonde, vous pourrez être amené à revoir le contrat de coaching.

2ᵉ temps. Instaurer un climat créatif

Reprenez rapidement les principes de la pensée créative et les règles de la divergence et de la convergence (voir première partie, paragraphe 4.1) et référez-vous aux exercices complétés durant le rendez-vous de prise de contact. Mettez-vous d'accord pour adopter une attitude « *Oui, et...* » pour la durée de l'entretien et rappelez à votre client qu'être attentif à son juge intérieur omniprésent est aussi un objectif important du coaching.

3ᵉ temps. Diverger

La technique que nous allons utiliser est appelée le brainwriting, ou brainstorming individuel.

Vous aurez besoin du matériel suivant :
- Un stylo
- Un cahier
- Des marqueurs fins
- Des post-its (rectangulaires)

Consignes

- *Prenez s'il vous plaît votre cahier et votre stylo*
- *Bientôt, vous allez rédiger une longue liste de tous vos souhaits*
- *Maintenant, suspendez votre jugement et adoptez une attitude « Oui, et... »*

- *Écrivez tout ce qui vous passe par la tête, y compris les envies/buts bizarres, fous, et totalement infaisables*
- *Vous voudrez aussi peut être combiner des souhaits pour un faire un nouveau, écrivez-le aussi*
- *Je vais vous poser différentes questions, qui pourraient susciter de nouveaux souhaits. Certaines de ces questions vous inspireront, d'autres non ; ce n'est pas un souci, laissez-les simplement passer et continuez avec les questions suivantes*

Avez-vous des questions avant que nous ne commencions ?

Nous allons démarrer par un court exercice de relaxation pour se préparer à diverger (voir Annexe 2. **Instaurer un climat créatif**).

Après la relaxation :

- *Maintenant, dans votre cahier, prenez une page blanche et écrivez sur cette page tout en haut une phrase commençant par « ce serait génial si… »*
- *Finissez cette phrase de plein de façons différentes, comme par exemple, « ce serait génial si…*
    - o *J'aimais à nouveau mon travail*
    - o *J'aimais aller travailler*
    - o *Je pouvais faire ce que je veux toute la journée »*
    - o *…et ainsi de suite*
- *Examinez les différents aspects de votre vie : le travail, la vie privée, votre compagnon/compagne, les enfants, les parents, le sport, la santé, les loisirs, le temps libre, les amis, l'argent… et écrivez tous vos souhaits concernant tous ces aspects*
- *Écrivez chaque souhait sur une nouvelle ligne et faites une longue, longue liste !*

Laissez votre client écrire 10 à 15 souhaits (ou plus s'il en vient plus spontanément) en silence, et notez la vitesse à laquelle les souhaits viennent. Quand le flux s'arrête, demandez-lui d'en écrire encore quelques-uns. Selon leur mode de pensée (voir l'Étape 2, Explorer la situation), les gens généreront beaucoup ou peu de souhaits, et ceux-ci seront plus ou moins précis. Certains pourront avoir des listes de souhaits plus longues que les autres. Cependant, vous devez demander à tous de chercher un peu plus, et toujours plus loin que leur premier jet. Tim Hurson[8] mentionne des recherches qui montrent que la plupart des idées les plus nouvelles et les plus intéressantes apparaissent principalement dans le dernier tiers de la liste.

Questions exploratoires pour rassembler des souhaits :
- Une exploration plus profonde des souhaits peut être menée via des questions inversées telles que *« que ne souhaitez-vous pas ? », « qu'espérez-vous ne pas voir arriver ? »*
- En adaptant le rythme de votre questionnement au rythme d'écriture de votre client, et en lui posant des questions aléatoirement comme stimuli, vous pouvez révéler des souhaits et des buts sous-jacents. Si une question n'inspire pas votre client, continuez tout simplement avec d'autres. Soyez créatifs et imaginez des questions vous-même !
- Une liste de questions regroupées par thème suit.

? *À quelles questions intrigantes ou inspirantes pouvez-vous penser ?*

Consignes pour d'autres questions exploratoires, une fois le flux spontané du client arrêté :
Je vais maintenant vous proposer une série de questions qui pourraient vous inspirer des souhaits ou des buts. Si une ou plusieurs de ces questions ne vous inspirent pas, ce n'est absolument pas un problème, continuez et écoutez simplement la suivante.

Écrivez à nouveau s'il vous plaît la phrase « ce serait génial si... » et complétez avec vos nouveaux souhaits ou buts. Vous transformerez la ou les réponses à mes questions sous forme de souhaits et de buts, autant que vous pourrez en trouver.

- Améliorations
    - *Qu'aimeriez-vous avoir ?*
    - *Qu'aimeriez-vous faire ?*
    - *Qu'aimeriez-vous gérer mieux ?*

---

[8] op. cit.

- o Quels changements voudriez-vous réaliser dans votre travail ?
- o Qu'aimeriez-vous supprimer de votre vie ?
- Désirs, visions
  - o Quel désir n'avez-vous pas encore réalisé ?
  - o Qu'aimeriez-vous accomplir ?
  - o Quel est votre plus grand rêve ?
  - o Qu'est-ce qui vous rendrait la vie plus facile ?
  - o Qu'est-ce qui ferait que votre vie serait bien plus belle ?
  - o Qu'est-ce qui ferait que votre vie serait meilleure ?
- Préoccupations
  - o Qu'est-ce qui, ou qui, occupe vos pensées ces derniers temps ?
  - o De quoi vous plaignez-vous auprès des autres ?
  - o Qu'est-ce qui vous stresse ? (NB transformez votre réponse en l'opposé. Par exemple, la longueur des temps de transports me stresse -> j'aimerais que mes temps de transport soient plus courts)
  - o Quels problèmes voulez-vous voir résolus ? (NB comme ci-dessus, transformez les réponses négatives en leur opposé positif)
- Ressources
  - o Qu'est-ce qui vous donne de l'énergie ?
  - o Quelles chances voulez-vous saisir dans la vie ?
  - o Si vous aviez l'opportunité de choisir 10 professions autres que votre profession actuelle, et que vous ayez tout l'argent et le talent nécessaire, quelles seraient-elles ?
  - o Quand votre vie vaut-elle vraiment la peine d'être vécue ? Quand prend-elle tout son sens ? À quels moments, dans quelles situations ?
- Projection/anticipation
  - o Supposez que vous ayez quelque chose d'énorme à célébrer ; qu'est-ce que ce serait ?
  - o Imaginez que vous ayez 80 ans, et que vous repensez à votre vie : quels sont les meilleurs moments ?

- Que vous reprocheriez-vous si vous ne le faisiez pas ? *(NB comme tout à l'heure, transformez les réponses négatives en leur opposé positif)*
- Nous sommes dans 3 ans ; qu'aimeriez-vous avoir accompli ?
- Qu'aimeriez-vous que les autres fassent *(votre patron, vos collègues, votre compagnon, vos amis)* ?
- Qu'avez-vous toujours rêvé de faire, sans jamais vous y mettre ?
- Qu'est-ce qui serait vraiment dommage ? *(NB comme tout à l'heure, transformez les réponses négatives en leur opposé positif)*
- Qu'aimeriez-vous faire que vous n'avez jamais osé faire ?
- Qu'aimeriez-vous faire, mais pour quoi vous vous sentez trop vieux ?
- À quoi la vie ressemble-t-elle quand elle est pleine de passion et de sens ? Décrivez-la, puis notez les nouveaux souhaits que cela inspire

- Question synthétique
  - Qu'aimeriez-vous réellement voir se produire ?

Une dernière question: je vous donne une baguette magique qui peut réaliser tous les rêves dans tous les domaines de votre vie. Quels seraient ces rêves ?

Les émotions et les blocages dans la détermination du souhait

- **Les émotions dans le domaine des souhaits dans un coaching orienté solutions**

La plupart du temps, les souhaits viennent facilement. Même si toutes les questions exploratoires ne mènent pas à de nouvelles informations, il y en a suffisamment qui le font. Souvent, un processus libérateur démarre. Parfois, apparaissent des désirs hautement motivants, mais oubliés, désavoués, ou encore inconscients.

Beaucoup de clients ressentent cette étape comme très inspirante, et aussi troublante. Ils commencent à se connecter à une part d'eux-mêmes qu'ils avaient oubliée depuis longtemps ou qu'ils avaient occultée. Naturellement, il vous faudra prendre le temps de clarifier et de faire vivre ces émotions. Mais le but du CPS n'est pas d'aller plus loin dans les processus psychologiques ; le but est de trouver des solutions. Avec cette méthode, les émotions qui surviennent peuvent aider le client à identifier son souhait le plus essentiel à la fin de l'Étape 1, ou lui inspirer la principale formulation de problème à résoudre dans l'Étape 3, ou encore faire venir des idées à l'Étape 4.

- **Blocages : identifier et mettre de côté les jugements et les croyances limitatives**

Si votre client se retrouve englué ou bloqué pendant la génération d'une longue liste de souhaits, il est recommandé de lui demander de penser à haute voix et d'explorer les pensées qui viennent s'interposer pendant la divergence. Souvent, un jugement ou une croyance sont la cause du blocage. Vous pouvez travailler sur de tels blocages en utilisant votre propre approche de coaching : quel effet a ce jugement, cette croyance sur la vie de votre client en général ? Est-ce un problème essentiel ou structurel, ou une attitude limitant ses possibilités ? En un mot, est-ce un blocage simple (par exemple, *« je pense souvent que je ne peux pas le faire, mais au fond de moi je pense que je peux y arriver »*) ou un blocage profond (par exemple, *« vous voyez, je ne sais rien faire, pas même écrire une liste de souhaits »*).

Lorsque vous faites face à un simple blocage, il suffit de le garder à l'esprit, et d'y faire attention dans les étapes suivantes. Pour le moment, invitez votre client à mettre de côté cette croyance limitative et essayez de voir où cela le mène : « quel serait votre souhait, que désireriez-vous, si vous ne pensiez pas cela ? ». Souvent, le client est libéré et peut continuer sa liste de souhaits.

Mais un blocage profond est très différent.

- **Blocages profonds : les résoudre (dans les semaines à venir) ou recommander un thérapeute à votre client**

Les blocages profonds se dissolvent parfois au cours du processus de coaching, mais parfois ils sont tellement ancrés que vous pourrez avoir à recommander la psychothérapie à votre client. Avec le CPS, si vous avez une expérience de psychologue, vous pouvez travailler sur des blocages profonds de la façon suivante : demandez à votre client de commencer à travailler sur le jugement limitant ou la croyance qui a interrompu son flux de souhaits comme exercice intersession (voir 3ème partie).

Lors des étapes suivantes, vous verrez si le blocage réapparaît ou s'il s'efface. À chaque étape, vous aurez à vous poser la question de la continuation du processus CPS ou de la thérapie.

4e temps. Converger : choisir le souhait le plus essentiel

À présent, vous allez accompagner votre client dans le choix d'un souhait ou d'un but, parmi ceux de la longue liste qu'il a produite ; quel est le plus fondamental, le plus remarquable, et le plus essentiel ? Vous pouvez guider votre client à travers le processus suivant, avec des feutres de couleur ou des marqueurs :

Consignes

1. *Mettez une étoile rouge à coté de tous les souhaits*
   a. *Qui vous sautent aux yeux*
   b. *Que vous désirez le plus atteindre*
   c. *Qui sont les plus urgents*

2. *Maintenant, mettez un rond bleu à côté des souhaits qui ont une étoile rouge et sur lesquels vous avez une influence*

3. *Ensuite, mettez une croix verte à côté des souhaits avec une étoile rouge et un rond bleu qui vous motivent réellement ; mettez une croix à côté des souhaits qui sont excitants, intrigants, que vous avez réellement envie d'atteindre, ou de réaliser.*

4. *Enfin, soulignez en noir ces souhaits qui sont à présent identifiés en rouge, bleu et vert, et qui requièrent de l'imagination, (c'est à dire des souhaits qui ne sont pas simplement une activité à réaliser ou une chose à faire comme « gagner au loto »)*

5. *Maintenant, relisez tous vos souhaits qui sont soulignés de noir. Quels sont-ils ? Listez-les séparément ou écrivez-les sur des post-its. Y-a-t-il un lien entre ces souhaits ? Se regroupent-ils autour d'un même thème ? Le ou lesquels ? Pouvez-vous combiner certains souhaits ? Pouvez-vous les reformuler en un seul souhait ou but ? Lequel ? Ajoutez toutes ces combinaisons et variantes à votre liste.*

6. *À présent, choisissez le souhait ou le but de votre liste qui est votre souhait ultime, celui pour lequel vous vous dites « c'est celui-là ! »*

Le processus que nous venons de décrire peut être plus souple. Vous pouvez demander à votre client de placer ses marques sans ordre particulier, ainsi les secondes et troisièmes marques ne se placeront pas uniquement sur des souhaits identifiés à l'étape précédente. Une autre variante de ce processus est de reformuler les souhaits qui semblent très motivants mais pour lesquels votre client a un faible pouvoir d'influence ou qui demandent peu d'imagination. En les reformulant, il se peut qu'ils répondent eux aussi à ces critères. Voici la suite du questionnement :

- *Quel souhait avez-vous choisi ?*
- *Pourquoi ? Avez-vous été guidé d'une manière ou d'une autre par des jugements ou des croyances comme* « les autres sont impossibles à réaliser de toute façon » *ou* « cela n'arrivera jamais » *?*

Si c'est le cas, prenez le temps de les réévaluer : quel souhait voudriez-vous voir se réaliser si tout était possible ?

À présent, écrivez votre souhait tout en haut d'une nouvelle page blanche, commençant par l'une des formules suivantes :

« Ce serait génial si... » ou « j'aimerais vraiment... »

Cette phrase est la conclusion de cette première étape, et le début de la prochaine : **Explorer la situation**.

5ᵉ temps. Revenir sur le processus

À présent que votre client a choisi un souhait ou un but, vous pouvez explorer avec lui et discuter de la façon dont il a vécu le déroulé de cette session. Vous pouvez choisir parmi les questions suivantes pour guider cet échange :

- *Comment vous sentez-vous maintenant ?*
- *Comment cela a été pour vous, de faire ça comme cela ?*
- *Qu'est-ce qui est nouveau pour vous ?*
- *Qu'avez-vous découvert ?*
- *Qu'aimeriez-vous creuser plus ?*
- *Qu'est-ce qui est important pour vous en ce moment ?*

Prenez le temps de revivre et d'intégrer les informations qui sont nées de l'écriture de la liste et des choix qui ont suivi. La plupart du temps, beaucoup de choses passent par la tête de votre client à ce moment-là, des révélations, des sentiments allant de l'inspiration enthousiaste à la tristesse de ne pas s'être autorisé, ou de ne pas avoir été autorisé, à écouter plus tôt ces voix.

Ce qui est partagé à ce moment viendra nourrir la réflexion lors des étapes suivantes.

6ᵉ temps. Préparer les exercices personnels pour l'Étape 2. Explorer la situation

À la fin de cette première session, vous pouvez décider de deux à trois exercices personnels que votre client devra réaliser tout au long du processus de coaching. Ces consignes générales sont faites pour :

- Intégrer ce qui a émergé de la session à un niveau plus profond
- Permettre de nouvelles connexions entre les anciennes et les nouvelles informations

Deuxième partie. Coacher des clients avec le modèle Creative Problem Solving
Identifier le souhait

- Activer l'inconscient, afin que l'information inconsciente devienne consciente

Exercices généraux à suivre tout le long du processus de coaching

1. Tenir un journal

Ayez un journal ou un cahier pour faire 10 à 20 minutes d'écriture automatique, ou trois pages, par jour. Commencez à écrire et ne vous arrêtez plus ; écrivez simplement ce qui vous passe par l'esprit, même si cela paraît absurde ou n'a rien à voir avec ce que vous avez écrit précédemment. Si vous ne pensez à rien, écrivez-le, simplement : « je ne pense à rien, je suis bloqué, cette consigne est totalement idiote… ». Continuez d'écrire jusqu'à ce que vous ayez trois pages remplies (ou plus). Ne relisez pas ce que vous avez écrit, vous le ferez juste avant votre prochaine session.

2. Rester tranquille ou méditer

Chaque jour, essayez de rester calme pendant au minimum cinq minutes d'affilée. Rester calme signifie s'asseoir en silence seul dans une pièce (pas de musique, ni de radio, ni de télévision, ni de gens). Choisissez une chaise sur laquelle vous pouvez vous asseoir bien droit. Posez vos pieds bien à plat sur le sol. Appuyez votre dos sur le dossier de la chaise ou tenez-vous bien droit. Fermez les yeux et respirez par le ventre. Laissez vos pensées aller et venir. Ne vous-en inquiétez pas, simplement remarquez-les puis laissez-les partir. Si vous le désirez, vous pouvez rester assis plus longtemps, ou allonger la durée un peu plus chaque jour. Vous pouvez aussi prendre des notes juste après.

3. Résoudre les blocages profonds (pour les coachs psychologues)

Commencez à repérer et à traiter les blocages profonds en y étant attentif lorsque vous relisez votre journal avant une session.

Exercices spécifiques pour préparer l'Étape 2, Explorer la situation

En dehors des exercices généraux, il y a des exercices spécifiques qui serviront de point d'entrée pour la prochaine session.

1. **Quel est mon style ?** Mieux vous connaître grâce à un questionnaire de personnalité.

Une part importante de la deuxième session, dont le thème est « Explorer la situation », est dédiée aux découvertes que le client fait sur lui-même et leur lien avec son souhait ou but. Pour permettre plus de découvertes, nous vous suggérons de proposer à votre client d'utiliser un indicateur de profil de personnalité.

Le profil de personnalité est utile directement pour votre client, mais aussi pour vous en tant que coach. Vous découvrirez comment accompagner votre client de la manière la plus efficace en vous mettant en phase avec ses modes d'apprentissage préférés et son style de communication.

Il existe de nombreux questionnaires de personnalité, qui permettent d'accéder à des typologies utiles. Dans notre pratique de coaching nous travaillons essentiellement avec l'indicateur de type Myers-Briggs (MBTI) ou Caillou-Cauvin (CCTI) et BrainStyles@Work, car ce sont des instruments qui ont une grande validité et sont fondés sur des théories et des concepts reconnus à un niveau international. Ils apportent beaucoup de valeur au coaching.

Nous vous recommandons de bien manier et comprendre les instruments de profil de personnalité avant de les utiliser dans votre pratique. Pour utiliser le MBTI, ou le CCTI, ou BrainStyles@Work vous devez être certifié. L'important est la typologie illustrée par chaque questionnaire, pas les questionnaires en eux-mêmes.

Demandez à votre client de vous envoyer les résultats trois à cinq jours avant la session suivante afin que vous puissiez regarder les résultats et être à même de les commenter pendant la session.

1.1 L'indicateur de type Myers-Briggs (MBTI) ou Caillou-Cauvin (CCTI) ou le Keirsey Temperament Sorter, trois questionnaires basés sur la typologie jungienne

Comment cela fonctionne-t-il ?

Votre client peut découvrir son type jungien (d'après Dr. Carl Jung) et en parler avec un praticien certifié. Regardez le groupe MBTI sur LinkedIn pour trouver un praticien certifié près de chez vous, ou adressez-vous à Osiris Conseil, www.osiris-conseil.com, pour une recommandation de praticien CCTI. Les avantages de travailler avec un praticien certifié sont d'avoir une meilleure compréhension des résultats, de la manière dont ils influencent les attitudes et les comportements et comment votre client peut développer son potentiel.

Si votre client n'a pas les moyens de consulter un praticien certifié, il peut remplir le questionnaire en ligne Keirsey Temperament Sorter sur le site : www.keirsey.com. Il recevra une information plus descriptive et moins potentialisante qu'avec un praticien certifié, mais cela peut apporter tout de même des informations intéressantes à votre client, sur lesquels il pourra réfléchir.

Quelques informations sur le MBTI et le CCTI

Carl Jung a établi une théorie sur la façon dont les personnalités fonctionnent selon quelques dimensions clés. Isabel Myers and Katherine Briggs ont développé un questionnaire appelé l'indicateur de type Myers-Briggs (MBTI), afin que les personnes puissent identifier leurs préférences selon ces dimensions et trouver lequel parmi les seize types qui en résultent leur correspond le mieux. Les personnes apprennent ainsi à mieux se connaître, et évoluent consciemment dans le but de réaliser leur potentiel. Le MBTI est l'indicateur de personnalité le plus utilisé au monde; il est respecté par les coachs et les autres professionnels des ressources humaines. Le CCTI, plus récent, créé par Geneviève Cailloux et Pierre Cauvin, est plus agréable à utiliser car il comporte moins de questions et sa notation est simple et rapide, le tout pour une meilleure fiabilité que le MBTI.

Les quatre dimensions des types jungiens sont :

- Énergie – comment la personne trouve donne son énergie, dans l'**E**xtraversion (E) ou dans l'**I**ntroversion (I)
- Perception – par quel moyen la personne perçoit ce qui l'entoure, par la **S**ensation (S), les cinq sens dans le

monde actuel, ou par l'i**N**tuition (N), les concepts dans le monde des possibles.
- Jugement/décision – les critères de décision privilégiés, soit par la pensée objective (**T**hinking, T) soit par le sentiment subjectif (**F**eeling, F)
- Style de vie – le style de vie qu'une personne adopte, soit « **J**ugement » (J) proactif en organisant le futur, soit « **P**erception » (P) réactif, en s'adaptant au fur et à mesure des évènements.

Lorsque vous expliquez les résultats à votre client, nous vous recommandons de ne pas induire une catégorisation dans laquelle on chercherait à faire entrer une personne, mais plutôt un jeu d'hypothèses avec lequel explorer les attitudes et les comportements. Ainsi la démarche est en phase avec l'esprit positif et ouvert du coaching.

À lire pour votre préparation à l'Étape 2 en tant que coach :

- Marci Segal décrit en détail les différentes manières dont les « Tempéraments » peuvent s'exprimer et maximiser leur créativité *Creativity and Personality Type* (2001). Les « Tempéraments » sont des regroupements, au nombre de quatre, des préférences Jungiennes.
- Sandra Krebs-Hirsh and Jean Kummerow (2003) ont écrit deux livres à propos du MBTI : LIFE-types (1989) et WORK-types (1997). Ils donnent chacun une brève description des quatre tempéraments et des seize types MBTI dans les domaines de la vie quotidienne, de l'apprentissage, du travail, du leadership, du changement. Ils décrivent aussi les écueils de chaque type. Ces livres sont plus concis que ceux de Keirsey et ne contiennent pas de questionnaire.

1.2 BrainStyles@Work

BrainStyle@Work mesure notre style de pensée et d'action : comment préfère-t-on communiquer, planifier, apprendre, travailler en groupe, prendre des décisions et diriger les autres. L'instrument est fondé sur le concept du Whole Brain Thinking développé par Ned Hermann et adapté et validé pour des situations professionnelles.

Le concept de base est que chaque personne développe un style de pensée-action préféré, à partir de son patrimoine génétique et de son éducation, car certains chemins neurologiques sont utilisés plus fréquemment que d'autres.

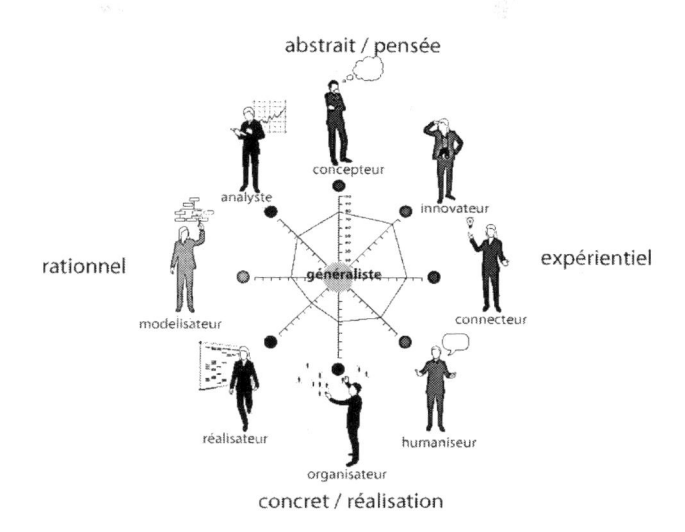

BrainStyles@Work

La recherche menée sur cette typologie montre que même si la plupart des gens ont une préférence marquée, certains ont une combinaison de deux ou trois préférences (Veldkamp[9]). C'est pourquoi nous donnons un profil BrainStyles complet avec la description du style pensée-action dominant, illustré par un graphique en toile d'araignée.

Comment cela fonctionne-t-il ?

Votre client remplit le questionnaire en ligne et reçoit un rapport avec la description de son style sur quatre dimensions : communication, apprentissage, travail en groupe et prise de décision. Un autre paragraphe est dédié aux écueils

---

[9] Veldkamp Research, 2005

qui peuvent naître si/lorsque ce style est trop marqué. Quelques conseils pour les surmonter sont donnés.

La première édition de BrainStyles@Work est accessible en anglais : www.brainstylesatwork.eu. La version française est en cours de traduction.

   2. Comment les autres me voient-ils ? demander du feedback en menant cinq interviews

Demandez à au moins cinq personnes qui vous connaissent bien de vous donner des retours sur vous-même. Choisissez des gens que vous connaissez au travail et des gens que vous connaissez en privé. Votre conjoint est peut-être trop proche pour vous donner un retour objectif, mais c'est à vous de décider.

Demandez à (trois) collègues et/ou (deux) amis ou membres de votre famille de vous consacrer une heure de leur temps pour les interroger sur ces trois sujets :

- *Quels sont selon toi mes points forts ?*
- *Qu'est-ce qui me rend unique, qu'est-ce qui fait que je suis moi ?*
- *Qu'est-ce que je pourrais changer pour être plus (...) selon toi ?*

Posez des questions ouvertes ; essayez d'obtenir le plus de détails possibles (« que voulez-vous dire par là ? », « pouvez-vous m'en dire plus, s'il vous plaît ? », etc.). Ne discutez pas, ne cherchez pas à expliquer votre comportement, ou encore à contrecarrer ce qui vous est dit. Écoutez. Uniquement. Écrivez tout, avec le plus de détails possibles, dans votre cahier. À la fin de chaque interview, remerciez les gens pour leur temps et leurs points de vue, quel que soit ce qu'ils vous auront dit.

L'exercice personnel suivant est important dans le cas du coaching de vie et du coaching portant sur des questions de sens et de but.

Comment suis-je devenu qui je suis ? Écrivez votre biographie

Écrivez l'histoire de votre vie. Commencez du plus tôt que vous pouvez vous souvenir et essayez d'inclure ce que vous savez de la grossesse de votre mère, de votre naissance, de vos premières années. Concentrez-vous sur les événements qui sont importants pour vous d'un point de vue émotionnel :

- *Les événements dont vous vous souvenez qu'ils ont été importants, qu'ils vous ont touchés, et pourquoi,*
- *Les gens qui ont joué un rôle important dans votre vie, quelles étaient leurs caractéristiques et pourquoi ils étaient importants,*
- *La façon dont vous vous comportiez avec vos proches, parents, frères, sœurs, amis, professeurs,*
- *Les comportements qui ont été encouragés par les gens autour de vous, ce qui a été stimulé et reconnu, quels comportements tendaient à être ignorés, désapprouvés, ou ont disparu avec le temps.*

Si vous le désirez, vous pouvez m'envoyer votre biographie quelques jours avant notre prochain rendez-vous, afin que je puisse la lire et que nous puissions en parler. Vous pouvez aussi choisir de l'apporter avec vous lors de notre session, et nous pourrons alors échanger à propos du processus d'écriture et de quelques éléments importants.

Explorer la situation

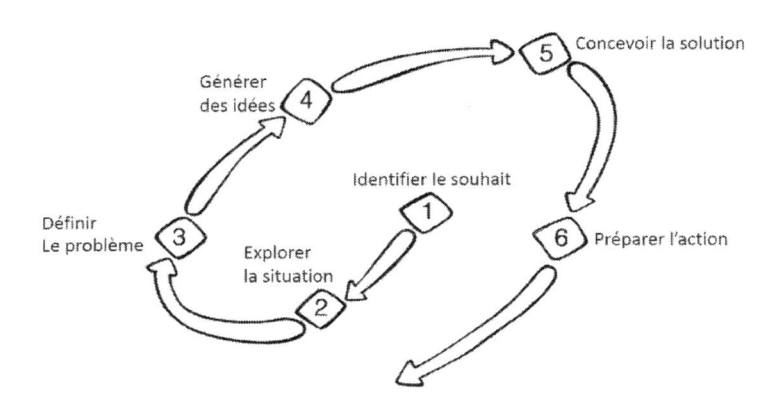

Deuxième partie. Coacher des clients avec le modèle Creative Problem Solving
Explorer la situation

Étape 2. Explorer la situation
Que se passe-t-il ?

Modèle Parnes-Osborn Creative Problem Solving

Étape 1. Identifier le souhait : *Que désirez-vous changer ?*
Étape 2. **Explorer la situation** : *Que se passe-t-il ?*
Étape 3. Définir le problème : *Que voulez-vous accomplir spécifiquement ?*
Étape 4. Générer des idées : *Quelles sont toutes les façons d'y arriver ?*
Étape 5. Concevoir la solution : *Que vous voyez-vous faire ?*
Étape 6. Préparer l'action : *À vos marques, prêt, partez !*

Dans l'Étape 2, vous allez rassembler les informations qui ont un intérêt pour le souhait, et même si cela paraît être une approche plus logique que créative, nous appliquerons les principes de divergence et de convergence ici aussi. Cela signifie que votre client va explorer au maximum sa situation puis identifier les informations les plus importantes issues de cette exploration.

À cette étape, votre client va rassembler le plus d'informations possible à propos de :

1. lui-même : faits, opinions, sentiments, points forts, points faibles, talents, modes de pensée, type de personnalité, sources de gain et de perte d'énergie, etc.
2. la situation qui concerne le souhait ou le but qu'il a choisi : faits, pensées et sentiments en lien avec le souhait, personnes impliquées, ce qui a été fait jusqu'à présent, etc.

Pendant la phase de divergence, votre client va s'examiner et examiner la situation sous le plus d'angles et de perspectives possibles. Les questions les plus importantes sont les bien connues « CQQCOQPP » : combien, quoi, qui, comment, où, quand, pourquoi et pour quoi ? De la longue liste d'informations réunies de cette façon, votre client choisira les 5 à 10 les plus importantes, intéressantes et « nouvelles ».

~~~~~

Étude de cas

Mary a formulé son souhait de la façon suivante : « Ce serait génial si je pouvais atteindre mon top professionnel ! »

Parmi la longue liste de faits, sentiments, et opinions à propos d'elle-même et de sa situation, elle choisit les 10 les plus importants :

1. Son BrainStyles@Work : Conceptrice. Mary est une penseuse abstraite, qui est innovante, visionnaire et peut générer beaucoup d'idées, et qui aime aussi travailler avec les chiffres. Elle peut traduire ses visions en chiffres et vice versa. Elle se posera la question du « Et si… ? », des nouvelles possibilités, et aussi la question du « Quoi ? » des faits.
2. Son type Keirsey-MBTI-CCTI est INFJ : Mary est tournée vers le futur et utilise son inspiration et son attention pour se comprendre et comprendre la nature humaine en général. Elle est très intègre et cherche un travail aligné sur ses idéaux. Elle aime travailler seule afin de pouvoir mieux se concentrer sur l'essentiel et préfère avoir une « discrète » influence sur les autres (Krebs-Hirsh & Kummerow, 2003).

3. Un besoin d'équilibre entre la tête et le cœur, entre la logique et les sentiments.
4. Un besoin de profondeur.
5. Un besoin d'appartenance.
6. Une volonté, un désir idéaliste d'atteindre un grand but.
7. « *Il faut que…* » (être responsable, organiser) plutôt que « *j'aimerais que…* » (jeu, sport, amusement).
8. Les gens.
9. Faire des choses compréhensibles pour les autres, expliquer.
10. La variété, avoir beaucoup d'options.

~~~~~

La sélection des faits les plus importants est la fin de l'Étape 2 tout en étant le début de l'Étape 3, définir le problème ou l'opportunité.

Résumé

Le début de l'Étape 2 est un souhait sous la forme d'une phrase comme : « *J'aimerais que…* » ou « Ce *serait formidable si !* »
La fin de l'Étape 2 est une liste des 5 à 10 informations les plus importantes pour votre client et la situation concernant son souhait.
La fin de l'Étape 2 est le début de l'Étape 3, **Définir le problème.**

Déroulé de la session

Cette session se découpe en 6 temps :
1. Retour sur les exercices choisis lors de l'Étape 1 (25-45 minutes)
2. Instaurer un climat créatif (5 minutes)
3. Diverger (40 minutes)
4. Converger (15 minutes)
5. Revenir sur le processus (5-10 minutes)
6. Préparer les exercices intersession pour l'Étape 3, **Définir le problème** (5 minutes)

1er temps. Retour sur les exercices

Une part importante de ce que vous allez utiliser dans cette session vient des exercices spécifiques que votre client aura réalisés entre les deux sessions. Nous consacrons une bonne part de la séance à ce temps, mais gardez à l'esprit que la répartition du temps pendant chacune des sessions est flexible et varie avec chaque client. Il est recommandé de demander à votre client de vous faire parvenir ces informations avant la session, afin que vous puissiez en prendre connaissance et les utiliser au mieux.

Vous pouvez commencer par discuter des exercices **généraux** sur le plan du processus ; le contenu sera traité pendant la phase de divergence de la session.

1. Tenir un journal
Comment cela s'est-il passé pour vous de tenir ce journal ? A quel rythme avez-vous tenu votre journal ? Qu'avez-vous ressenti en écrivant ? Qu'avez-vous retiré de cette activité ? Qu'avez-vous découvert ? Qu'est-ce qui est nouveau ou surprenant pour vous ?

2. Rester tranquille ou méditer
Comment cela s'est-il passé ? Comment avez-vous vécu cette expérience ? Pensez-vous continuer ? Pourriez-vous allonger la durée de vos méditations ?

3. Résoudre les blocages profonds, si nécessaire
Qu'avez-vous constaté à propos de vos blocages ? Comment cela s'est-il passé ?

Vous pouvez alors discuter des exercices **spécifiques**, et utiliser ces informations comme point de départ de la phase de divergence.

4. Quel est mon style ? Résultats du questionnaire
Échangez avec votre client à propos des résultats qu'il vous aura envoyés ou aura apportés à la session. Les résultats des grandes typologies comme celles issues de la psychologie de Jung ou des travaux sur les préférences cérébrales sont en général congruents. Chacun donne des informations complémentaires : les informations issues de profils comme le

CCTI ou MBTI ont tendance à être plus abstraites et plus générales par nature ; BrainStyles est plus pragmatique et concret.

Le résultat des questionnaires et/ou de l'échange avec un praticien des typologies peut être étudié selon les questions suivantes :

Consignes

> - *Que reconnaissez-vous dans ce compte-rendu ?*
> - *Qu'est-ce qui vous frappe ?*
> - *Quelles sont les nouvelles informations que vous en retirez ?*
> - *Comment pourriez-vous utiliser votre type de personnalité pour le souhait ou but que vous avez choisi ?*
> - *Quelles sont les chausse-trappes potentielles auxquelles vous désirez faire attention ?*

Les conclusions les plus importantes de cet échange sont un point de départ pour le troisième temps de cette session, la divergence.

> *Je vous propose maintenant de noter les conclusions les plus importantes issues de votre profil et de notre discussion à son propos dans votre cahier, sur une nouvelle page que vous allez titrer « Que se passe-t-il ? »*

À nouveau, les conclusions les plus importantes issues de cette discussion sont un point d'entrée du troisième temps, la divergence, et vous pouvez proposer à votre client de les noter dans son cahier.

5. Comment les autres me voient-ils ? Retours sur les points forts et les pistes d'amélioration

Maintenant vous pouvez discuter des retours que votre client a rassemblés en questionnant des collègues et des amis. Ici aussi, demandez-lui de prendre en note dans son cahier les éléments et conclusions les plus importants pour lui.

Voici une liste de questions que vous pouvez utiliser lors de votre discussion sur ces retours :

> - *Qui avez-vous questionné et pourquoi avez-vous choisi ces personnes ?*

- *Quels sont vos points forts selon les personnes que vous avez interrogées ?*
- *Que saviez-vous déjà, qu'est-ce qui est nouveau pour vous ? Qu'est-ce qui pour vous n'est pas un de vos points forts ?*
- *Quelles sont les pistes d'amélioration, selon les personnes interrogées ?*
- *Que saviez-vous déjà, qu'est-ce qui est nouveau pour vous ? Qu'est-ce qui pour vous n'est pas une piste d'amélioration ?*
- *Qu'est-ce qui vous a réellement ouvert les yeux sur quelque chose de nouveau ?*
- *Comment avez-vous vécu le fait de demander ces retours ?*
- *Comment avez-vous vécu le fait d'entendre ces retours sur vos points forts et vos pistes d'amélioration ?*
- *Prenez quelques notes dans votre cahier à propos :*
  - *des informations les plus importantes issues de ces entretiens ;*
  - *des trouvailles les plus importantes, en lien avec votre souhait ou but.*

Pour les clients qui ont (aussi) écrit leur biographie, vous pouvez discuter du processus d'écriture :

- *Comment cela s'est-il passé pour vous d'écrire votre histoire ?*
- *Était-ce facile ou difficile ?*
- *Qu'est-ce qui vous est revenu à l'esprit et qu'est-ce qui est (plus) clair ? Qu'est-ce qui a touché ou réveillé des émotions, maintenant que vous les avez écrites ?*
- *Comment vous sentez-vous à propos de ceci ?*

Si votre client vous a envoyé sa biographie avant votre rendez-vous, vous l'avez lue et vous pouvez commenter le contenu en relation avec le souhait ou le but choisi.

- *Ce que j'ai remarqué pendant ma lecture, c'est que...*
- *Comment voyez-vous... ?*

Si votre client choisit de ne pas vous envoyer son histoire avant votre rendez-vous, vous pouvez explorer avec lui ses raisons. Est-ce que l'histoire est très courte ? Est-ce une histoire sensible, y-a-t-il de la honte ? Y-a-t-il un traumatisme dont vous pourriez parler ? Est-ce que certains des blocages dont nous avons discuté plus tôt apparaissent ?

Que vous ayez vu la biographie avant la session ou non, vous pouvez toujours interroger votre client sur les points clés de son histoire :

- *Qu'est-ce qui selon vous est le thème principal de votre biographie ?*
- *Quelles sont les problématiques principales ?*
- *Quelle est la problématique la plus importante pour vous maintenant, et celle qui vient juste après ?*
- *Qu'est-ce qui vous a touché le plus lorsque vous écriviez l'histoire de votre vie ?*
- *Quelles sont les découvertes les plus importantes de votre biographie, au regard de votre souhait ou but ?*
- *Comment êtes-vous devenu qui vous êtes ?*
- *Prenez quelques notes dans votre cahier.*

2ᵉ temps. Instaurer un climat créatif

Faites un court exercice de relaxation (voir Annexe 2) et/ou répétez les principes de la suspension du jugement (adoptez une attitude Oui, et !, ne jugez pas ce que vous allez écrire, faites une longue liste et continuez à chercher des réponses après avoir écrit les plus évidentes).

3ᵉ temps. Diverger

Consignes

Nous allons regarder tous les faits et sentiments, tout d'abord à votre propos puis à propos de votre souhait ou but. Je vais vous poser un grand nombre de questions – dont certaines étranges ou inhabituelles. Écrivez simplement ce qui vous vient à l'esprit en premier, essayez de ne pas penser à ce que vous écrivez et laissez les réponses et réactions venir à la surface. Vous n'avez pas à répondre à toutes les questions. Si une question n'a pas de sens pour vous, laissez-la passer et répondez à la suivante.

Allongez la liste d'informations que vous avez déjà.

Je vais vous lire des phrases. Adoptez une attitude Oui, et ! et complétez ces phrases avec le plus d'activités auxquelles vous pouvez penser :

- *J'aime…*
- *J'adore faire…*
- *J'aime donner…*
- *Si ma vie devait se répéter encore et encore, je pourrais faire certaines choses encore et encore, cela ne me dérangerait pas si c'était… ou …, etc.*

Je vais maintenant vous poser des questions, écrivez le plus de réponses possibles :

- *Selon vous, quelles sont vos caractéristiques spécifiques ?*
- *Qu'est-ce qui fait de vous qui vous êtes ?*
- *Qu'est-ce qui vous rend différent des autres personnes ?*
- *Pensez à quelqu'un que vous admirez : qu'est-ce qui fait que vous admirez cette personne ?*
- *Que voudriez-vous avoir plus ?*
- *Que voudriez-vous être plus ? moins ?*
- *Utilisez quelques techniques projectives (voir ci-dessous).*

Techniques projectives

Un des tests projectifs les plus connus est le test de Rorschach, où les gens sont invités à dire ce qu'ils voient dans une série de tâches d'encre. Le présupposé sous-jacent est que les gens projettent leurs propres pensées et émotions dans les dessins, qui par eux-mêmes n'ont aucun sens. Les techniques projectives sont utilisées pour obtenir de façon indirecte les informations émotionnelles ou subconscientes que les clients peuvent avoir à propos d'un sujet donné. Voici une série de questions que vous pouvez utiliser pour amener le client à se décrire de manière projective :

- Si vous étiez un animal, quel animal serait-ce et quelles caractéristiques aurait cet animal ?
- Si vous étiez une plante, quelle plante seriez-vous et quelles caractéristiques aurait cette plante ?
- Si vous étiez une voiture, quelle voiture seriez-vous et quelles caractéristiques aurait cette voiture ?
- Si vous étiez un pays, quel pays seriez-vous et quelles caractéristiques aurait ce pays ?

Jusqu'à présent, au cours du processus de récolte de données, vous vous êtes focalisé sur la personnalité de votre client. À partir de maintenant, cette session sera orientée vers la récolte de faits et de sentiments à propos du souhait ou but que votre client a lui-même choisi. Puisque cette session donne lieu à des prises de conscience fortes, intenses, c'est une bonne idée de faire une pause ou un exercice énergisant comme de la Brain Gym à ce moment (voir Annexe 2).

Dans la liste ci-dessous, vous trouverez une série de questions que vous pouvez utiliser pour explorer la situation autour du souhait ou but de votre client. La première série de questions s'applique à n'importe quel souhait. Sentez-vous libre d'ajouter ou d'enlever toute question selon la situation particulière de votre client et selon votre expérience et votre façon de guider. Dans la liste, vous trouverez une seconde série de questions qui peuvent être utilisées si votre client recherche un renouveau d'énergie ou d'inspiration.

Indépendamment du type de souhait ou de but, nous vous recommandons d'explorer aussi l'état mental et émotionnel de votre client ; nous vous donnons une liste de questions à ce sujet à la fin de ce paragraphe.

Questions et consignes pour explorer divers souhaits
Nous allons maintenant essayer d'obtenir une image claire de la situation concernant votre souhait ou but. Commencez par écrire votre souhait en haut d'une nouvelle page sur votre cahier : Je souhaite *ou* ce serait formidable si...

- *Maintenant écrivez ce qui selon vous est important à propos de votre souhait : faits, émotions, pensées, préoccupations, opinions des autres personnes, etc.*
- *Regardez votre situation sous différents angles et rassemblez le plus possible d'informations, de tout type.*

Maintenant je vais vous proposer une série de questions et je vais vous demander d'écrire les réponses, même si elles vous semblent limpides et évidentes. En écrivant ces réponses, vous faites de la place pour des informations nouvelles – ou moins évidentes :

- *Qui (est impliqué, est important, a son mot à dire, etc.) ?*

*- Quel (est votre rôle, sont les faits, quelle est l'histoire derrière la situation) ? qu'avez-vous déjà fait ? etc.
- Où (est le problème, cela se passe-t-il, etc.) ?
- Quand (cette situation a-t-elle commencé, avez-vous eu envie de changer, voulez-vous que cela se termine, etc.) ?
- Pourquoi (est-ce un problème, est-ce un souhait, des personnes pourraient-elles s'opposer, etc.) ?
- Comment (ceci pourrait-il être une opportunité, cela pourrait-il arriver, etc.) ?
- Combien (cela coûte-t-il, cela rapporte-t-il, etc.) ?
Et demandez toujours :
- Qu'est-ce que votre intuition ou votre voix intérieure vous dit que vous pouvez faire ?
- Quel serait le résultat idéal ?*

Sources de gain et de perte d'énergie
Questions dans le cas où le souhait est de trouver plus d'énergie et d'inspiration :

1. Récolter des informations à propos des sources d'énergie :
   - *Qu'est-ce qui vous donne de l'énergie : faites une liste des activités, personnes, lieux, environnements ?*
   - *Choisissez une bonne journée au travail : qu'est-ce qui en fait une bonne journée ?*
   - *Faites une liste des choses que vous aimez faire.*
   - *Choisissez 5 loisirs que vous aimez, 5 formations que vous aimeriez suivre, 5 choses que vous ne feriez jamais vous-même, mais qui sont agréables, 5 savoir-faire que vous aimeriez avoir, 5 choses que vous aimiez étant plus jeune, 5 choses folles que vous aimeriez essayer.*
   - *Qu'est-ce qui vous passionne ?*
   - *Quels sont les aspects de votre travail dans lesquels vous êtes totalement investi/que vous aimez vraiment/que vous anticipez avec joie ?*
   - *Qu'est-ce qui vous attire ?*
   - *Qu'est-ce que vous aimeriez faire plus ou plus souvent ?*

2. Récolter des informations à propos de ce qui fait perdre de l'énergie :
   - *Qu'est-ce qui vous fait perdre de l'énergie ?*
   - *Qu'est-ce que vous n'aimez pas faire ou dire ?*

- o Quelles sont les situations que vous craignez ou dans lesquelles vous n'aimez pas vous retrouver ?
- o Quelles sont les situations ou les personnes qui vous mettent mal à l'aise ?
- o Qu'évitez-vous ?
- o Que préférez-vous éviter de faire ?
- o Quelles sont les choses que vous repoussez ou à propos desquelles vous procrastinez ?
- o Que trouvez-vous difficile ?
- o Qu'est-ce qui vous frustre ?
- o Qu'est-ce qui vous stresse ?
- o Qu'est-ce qui vous inquiète ?

3. Mini-convergence et discussion
   - o Dans toutes les catégories, gains et pertes d'énergie, entourez les 3 à 5 éléments les plus importants.
   - o Sont-ils reliés ? En quel sens ? Y-a-t-il un thème commun ? Lequel ?
   - o Qu'en déduisez-vous ?
   - o Notez ces conclusions dans votre cahier sur la page Explorer la situation, « Que se passe-t-il ? »

Consignes pour obtenir des indications sur le bien-être émotionnel et physique[10] (tous types de souhaits)
Maintenant intéressons-nous à vos ressentis sur le bien-être.

- Comment diriez-vous que vous vous sentez, en général ?
- À quelle fréquence pensez-vous à des choses négatives du passé ?
    - o rarement
    - o une fois par mois
    - o une fois par semaine
    - o une fois par jour
    - o plusieurs fois par jour
- À quelle fréquence avez-vous des pensées négatives récurrentes comme « ça ne marchera pas de toute façon, je ne peux pas le faire » ?
    - o rarement
    - o une fois par mois
    - o une fois par semaine

---

[10] Comme dans toute situation de coaching, le coach doit se référer à des spécialistes si des problèmes apparaissent pour lesquels il/elle n'est pas compétente(e).

- une fois par jour
- plusieurs fois par jour
- Dans quelles situations avez-vous ces pensées négatives le plus souvent ?
- Comment est la qualité de votre sommeil ?
- Qu'est-ce qui vous fait le moins bien dormir ?
- Comment est votre appétit, qu'est-ce qui vous fait manger plus ou moins de façon significative ?
- Combien de verres d'alcool buvez-vous par semaine ou par jour ?
- Comment se sent votre corps, comment vous sentez-vous physiquement ?
- À quelle fréquence avez-vous
  - des maux de tête
  - mal à la gorge
  - des coups de froid
  - mal à l'estomac
  - d'autres douleurs ?
- Quels sont les autres facteurs nécessaires à votre bien être et à votre santé ?

Quelles conclusions pouvez-vous tirer de tout ceci ?

Écrivez-les dans votre cahier.

4ᵉ temps. Converger

Votre client va maintenant converger et choisir les données les plus importantes dans toutes celles qu'il a rassemblées.

Consignes

- *Prenez le temps de relire tous les faits et émotions que vous avez écrits au-dessous de « Explorer la situation » et sélectionnez 5 à 10 informations qui :*
  - *sont les plus importantes, ou*
  - *sont les plus intéressantes ou intrigantes, ou*
  - *vous apportent une nouvelle façon de vous voir, de voir votre situation ou votre souhait*
- *Quels liens ou thèmes apparaissent ? Écrivez-les aussi.*
- *Prenez une nouvelle page sur votre cahier et écrivez votre souhait en haut de cette page : « Je souhaite… » et une*

liste d'un maximum de 10 données les plus importantes au-dessous.

Nous continuerons à travailler à partir de ces informations à notre prochain rendez-vous. Nous nous intéresserons alors aux facteurs qui vous éloignent de votre souhait : qu'est-ce qui a besoin d'être résolu pour que vous puissiez atteindre votre souhait ou but ? Quel est le réel problème ou la réelle opportunité ?

5ᵉ temps. Revenir sur le processus

Puisque cette session a été très factuelle, la discussion sur le processus est souvent courte. Il suffit habituellement de poser les questions suivantes :

- *Comment vous êtes-vous senti à faire cela ?*
- *Comment vous sentez-vous maintenant ?*

et d'explorer ensemble l'effet de prise de recul et de clarification générale de ce travail.

6ᵉ temps. Préparer les exercices personnels pour l'Étape 3, Définir le problème/opportunité

Les exercices **généraux** sont bien évidemment continués :

1. **Tenir un journal**
2. **Rester tranquille ou méditer au moins 5 minutes par jour – si possible plus longtemps**
3. Si nécessaire, travailler sur les **blocages profonds**.

Avec votre client, vous pouvez choisir parmi les exercices **spécifiques** suivants afin de préparer le prochain rendez-vous :

4. Faire des récoltes dans votre journal

- *Relisez votre journal depuis que nous travaillons ensemble.*
- *Entourez les mots et les phrases qui vous touchent, avec un crayon de couleur.*
- *Écrivez une nouvelle page à propos des problématiques et de thèmes récurrents.*

5. Décrivez une expérience forte

Décrivez une expérience particulièrement positive, une expérience forte que vous avez eue dans votre (précédent) travail. Écrivez tous les détails de cette expérience : ce qui s'est passé, ce que vous avez fait, ce que les autres ont fait, comment vous vous êtes senti(e) ? Qu'est-ce qui a fait que cette expérience a été si positive et si forte ?
Écrivez cette expérience au dos de votre cahier. De cette façon, nous pourrons continuer la prochaine fois à la page où vous avez écrit votre souhait et vos données les plus importantes.

6. Faites un collage représentant votre situation lorsque votre souhait sera réalisé

Voici ce dont vous aurez besoin (Vous pourriez avoir besoin de donner une feuille de consignes) :
- *un grand morceau de carton*
- *au moins cinq magazines différents avec beaucoup de photos/dessins*
- *des ciseaux*
- *de la colle*
- *des marqueurs*
- *1 heure à 1 heure et demie de temps sans interruption*

Trouvez un endroit calme et étalez tout le matériel devant vous sur une table. Vous pouvez mettre de la musique si vous voulez. Maintenant asseyez-vous calmement, fermez les yeux et prenez quelques grandes inspirations. Imaginez que votre souhait est réalisé, votre but atteint. Que voyez-vous ? Que faites-vous ? Qui est avec vous ? Que font-ils et que disent-ils ? Que se passe-t-il ? Visualisez le maximum de détails possibles. Notez vos émotions.

Ensuite, restez avec ce ressenti, ouvrez les yeux et parcourrez les magazines. Coupez toutes les photos que vous voulez et qui vous sautent aux yeux. Ne cherchez pas des images qui correspondent à la vision que vous avez eue, mais laissez les images venir à vous. Récoltez des images pendant au moins 30 minutes, de façon à obtenir le panel d'images le plus riche et le plus divers possible.

Étalez ensuite toutes les images devant vous et commencez à poser une image sur votre morceau de carton, en faisant des compositions en fonction de ce qui vous parait juste.
Quand votre composition est prête, collez les images de façon à décrire votre situation idéale.
Vous pouvez utiliser les marqueurs si vous le désirez pour embellir ou souligner des éléments.
Apportez votre collage à notre prochain rendez-vous.

C'est une technique projective non verbale, qui permet à votre client de toucher des niveaux émotionnels plus profonds, qui ne sont pas toujours atteints par les mots. De cette façon, le subconscient et l'inconscient sont amenés à la surface et exprimés.

CREACoaching : Boostez votre coaching au moyen de *plus de 50* techniques créatives

Définir le problème

Étape 3. Définir le problème ou l'opportunité
Que voulez-vous accomplir ?

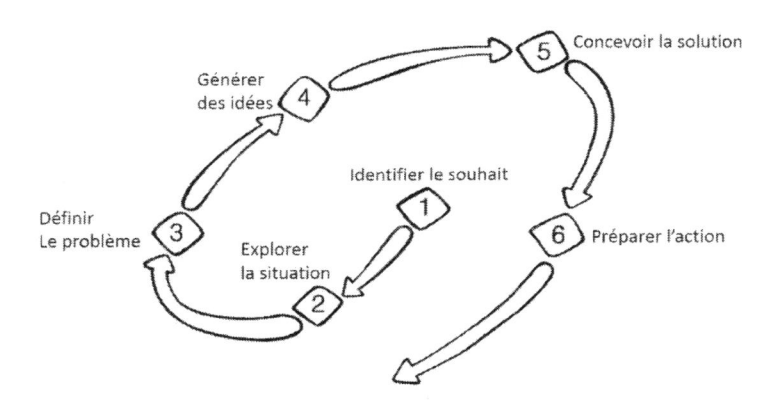

Modèle Parnes-Osborn Creative Problem Solving

Étape 1. Identifier le souhait : *Que désirez-vous changer ?*
Étape 2. Explorer la situation : *Que se passe-t-il ?*
Étape 3. **Définir le problème** : *Que voulez-vous accomplir spécifiquement ?*
Étape 4. Générer des idées : *Quelles sont toutes les façons d'y arriver ?*
Étape 5. Concevoir la solution : *Que vous voyez-vous faire ?*
Étape 6. Préparer l'action : *À vos marques, prêt, partez !*

À l'Étape 1, **Identifier le souhait**, votre client a choisi un souhait ou un but auquel s'attacher. Dans l'Étape 2, **Explorer la situation**, il a exploré de nombreuses sortes d'informations liées à ce souhait ou but, mettant ainsi en lumière ses forces et zones de progression aussi bien que sa situation actuelle et sa situation désirée. La fin de l'Étape 2 est le début de l'Étape 3, **Définir le problème**.

À l'Étape 3, votre client va identifier quel est exactement le problème qu'il veut résoudre ou l'opportunité sur laquelle il veut agir. Il va définir ce qui lui bloque la route et où il veut aller, puis il finira cette étape avec une question spécifique formulée sous forme d'une phrase commençant par « *Comment pourrais-je… ?* » Cette question sera formulée de façon positive et motivante qui invite à l'imagination et l'exploration des possibles.

Cela peut sembler être un processus logique, mais en ajoutant les informations de l'Étape 2, ainsi que les nouvelles pensées et sentiments créatifs qui viennent avec le processus CPS, votre client découvrira peut être bien des aspects différents de son souhait initial. Le chemin du souhait initial à la formulation du problème ou de l'opportunité sous forme d'objectif à atteindre est un chemin éclairant qui permet souvent en lui-même des réalisations et transformations bénéfiques.

Dans le CPS, nous utilisons le terme de « problème » à cette étape. En effet, en coaching, nous résolvons des problèmes. Le terme « opportunité » est lui aussi intéressant, car il a une connotation positive. Cependant, pour simplifier la lecture, nous utiliserons le mot « problème » dans la suite de ce chapitre.

À cette étape, votre client va générer et choisir une formulation de problème commençant par « *Comment pourrais-je… ?* » ou « *De quelles façons pourrais-je… ?* » Le Docteur Sidney Parnes souligne la magie de ces phrases, qui illustre une attitude positive et une philosophie de vie (Parnes, 1997). Parnes dit que lorsque nous faisons face à un problème, un challenge ou une difficulté, au lieu d'avoir des pensées négatives comme « *c'est un problème…, je suis dépassé…, on ne peut rien faire…* », nous apprenons, avec un peu de coaching et d'expérience, à penser de façon positive et à rechercher ce qui peut être changé pour le mieux. En fait, nous pouvons regarder la situation comme un appel aux idées et au changement. Ainsi, nous passons d'un point de vue négatif à une manière de voir orientée solution et tournée vers l'avenir. La phrase magique apporte immédiatement un changement dans la façon de regarder et dans l'énergie. Il est important pour votre client de définir la phrase qui va créer ce changement pour lui.

Lors de la phase de divergence, votre client va revisiter les informations qu'il a choisies comme étant les plus inspirantes et explorer les différentes manières de les utiliser pour finir la phrase « *Comment pourrais-je... ?* » De la longue liste de « *Comment pourrais-je... ?* », il va choisir la phrase qui demande de l'imagination pour trouver des solutions, qui le motive à réfléchir, et sur laquelle il a un pouvoir d'influence, c'est à dire pour laquelle il peut faire quelque chose[11].

Voici quelques exemples :

- Comment pourrais-je appliquer mon mode de pensée préféré dans mon travail ?
- Comment pourrais-je utiliser mes valeurs fondatrices pour obtenir de meilleures relations avec mon équipe ?
- Comment pourrais-je aligner mes besoins et ceux de mon entreprise ?
- Comment pourrais-je résoudre les vieux conflits que j'ai avec mon épouse ?

Selon les principes de la pensée créative, le problème est transformé en question. Au lieu de vivre avec une énonciation statique d'une difficulté, le client est d'ores et déjà invité à considérer les possibilités et les options. Le verbe « pourrais » est intéressant ; il est plus ouvert que « peux » ou « vais peut-être », il va plus loin que ce qui est possible ou acceptable actuellement et invite à l'imagination, au futur et à l'inconnu.

~~~~~

Étude de cas

Comme vous vous en souvenez peut être, Mary a formulé son souhait de la façon suivante : « *Ce serait génial si je pouvais atteindre mon top professionnel !* »
Dans l'Étape 2, elle a rassemblé ses 10 informations essentielles autour de ce souhait. À l'Étape 3, elle a transformé ces données en questions. En changeant l'ordre des mots, elle a généré une liste de 38 questions, toutes commençant par : « *Comment pourrais-je... ?* » *Voici celles qu'elle a retenues :*

---

[11] Ce sont les critères IMP (Imagination, Motivation, Pouvoir d'influence) décrits dans « *J'innove comme on respire* », Wolfe, O., Editions Le Palio 2007

1. Comment pourrais-je collaborer harmonieusement avec les autres ?
2. Comment pourrais-je rendre une vision idéale plus concrète et tangible pour les autres ?
3. Comment pourrais-je transformer des faits et des chiffres complexes en visions en profondeur ?
4. Comment pourrais-je inspirer les gens avec des visions fondées sur des faits ?
5. Comment pourrais-je faciliter l'apparition de la globalité dans des situations complexes ?
6. Comment pourrais-je rendre visuelles des informations essentielles pour les gens ?
7. Comment pourrais-je donner naissance à des choses issues de mes propres forces ?

Compte tenu du mode de pensée abstrait de Mary, la formulation de ses problèmes est d'une nature très abstraite. Après la convergence, Mary a formulé son opportunité comme suit :

« *Comment pourrais-je (à partir de mes propres forces, avec inspiration et joie) trouver des réponses profondes et utiles pour les autres ?* »

Cette question est plus personnelle et spécifique que le souhait de départ.

~~~~~

Résumé

Le démarrage de l'Étape 3 s'appuie sur les 5 à 10 données essentielles à propos de votre client et de la situation concernant son souhait. La fin de l'Étape 3 est une sélection des formulations les plus intéressantes de son problème, ou des questions qui invitent à l'émergence d'idées pour l'Étape 4, **Générer des idées**.

Déroulé de la session

Cette session se découpe en 6 temps :
1. Retour sur les exercices (25-45 minutes)
2. Instaurer un climat créatif (5 minutes)
3. Diverger (40 minutes)
4. Converger (15 minutes)
5. Revenir sur le processus (5-10 minutes)
6. Préparer les exercices inter session pour l'Étape 4, **Générer des idées** (5 minutes)

1ᵉʳ temps. Retour sur les exercices

Une part importante de ce que vous allez utiliser dans cette session vient des exercices spécifiques que votre client aura réalisés entre les deux sessions. Nous consacrons une bonne part de la séance à ce temps, mais gardez à l'esprit que la répartition du temps pendant chacune des sessions est flexible et varie avec chaque client. Votre client apportera les résultats de ses exercices directement pour la session ; vous n'aurez pas besoin de les consulter à l'avance.

Vous pouvez commencer par discuter des exercices **généraux** sur le plan du processus ; le contenu sera traité pendant la phase de divergence de la session.

1. Tenir un journal
Comment cela s'est-il passé pour vous de tenir ce journal ? À quel rythme avez-vous tenu votre journal ? Qu'avez-vous ressenti en écrivant ? Qu'avez-vous retiré de cette activité ? Qu'avez-vous découvert ? Qu'est-ce qui est nouveau ou surprenant pour vous ?

2. Rester tranquille ou méditer
Comment cela s'est-il passé ? Comment avez-vous vécu cette expérience ? Pensez-vous continuer ? Pourriez-vous allonger la durée de vos méditations ? Avez-vous noté des changements dans votre expérience de la méditation depuis le démarrage de votre coaching ?

3. Résoudre les blocages profonds, si nécessaire
Qu'avez-vous constaté à propos de vos blocages ? Comment cela s'est-il passé ?

Vous pouvez alors discuter des exercices **spécifiques**, et utiliser ces informations comme point de départ de la phase de divergence.

4. Faire des récoltes dans votre journal
(Vous préférerez peut être faire ce travail dans la foulée du feedback sur la tenue du journal.)

Comment cela s'est-il passé pour vous ? Avez-vous noté des thèmes récurrents ? Des connexions intrigantes ?

5. Décrivez une expérience forte
Quand vous avez décrit une expérience particulièrement positive au dos de votre journal, qu'avez-vous découvert ? Qu'est-ce qui a fait de cette expérience quelque chose de si particulier ? Quelles sont les ressources que vous avez utilisées pour rendre cela possible ? Qu'avez-vous appris que vous pouvez utiliser pour le futur ?

6. Collage de ma situation lorsque mon souhait sera réalisé
Regardons votre collage. Qu'exprime-t-il ? À quoi ressemble votre situation idéale ? Comment vous sentez-vous par rapport à cette façon de visualiser votre situation idéale ? Y-a-t-il quelque chose que vous voudriez ajouter ou changer aujourd'hui ?

Si de nouvelles informations apparaissent, assurez-vous que votre client les prend en note dans son cahier.

2ᵉ temps. Instaurer un climat créatif

Faites un court exercice de relaxation (voir Annexe 2) et/ou répétez les principes de la suspension du jugement (adoptez une attitude « *Oui, et… !* », ne jugez pas ce que vous allez écrire, faites une longue liste et continuez à chercher des réponses après avoir écrit les plus évidentes).

3ᵉ temps. Diverger

Au cours de cette phase, vous encouragerez votre client à formuler son problème de différentes manières et sous différents angles, en s'appuyant sur les informations qu'il aura sélectionnées comme étant les plus importantes.

Il est essentiel de diverger véritablement, sans prêter attention à la pertinence ou aux mots, en gardant un état d'esprit curieux et ouvert. Chaque information importante, chaque bout de donnée peut être source d'une formulation de questions. Vous aurez peut-être à rappeler à votre client des données qu'il a à peine mentionnées mais qui semblent avoir un impact important sur sa situation actuelle ainsi que sur sa situation désirée. Poussez votre client à explorer afin que la formulation de son objectif soit un défi pour lui et appelle réellement au changement. Une bonne formulation est différente du souhait, elle doit être plus ciblée et inclure des éléments qui semblent contradictoires ou incompatibles au moment de la session.

Parfois, les clients se demandent pourquoi ils font une telle liste de problèmes. Ils peuvent être amenés à dire qu'ils ont assez de problèmes et que ce n'est pas ce dont ils ont besoin. En tant que coach, vous pouvez leur rappeler que la divergence fait partie du processus créatif, et que faire une longue liste de problèmes aide à les formuler avec des mots pertinents et inspirants. Puis la convergence servira à identifier de manière sûre celui sur lequel ils veulent travailler maintenant.

Consignes

Nous allons nous intéresser à tous les faits et émotions que vous avez rassemblés lors du démarrage de notre voyage. Nous allons les utiliser ainsi que le souhait que vous avez choisi à l'Étape 1 pour vous inspirer de nombreuses questions qui commenceront toutes par « Comment pourrais-je... ? »

Je vous invite à prendre une nouvelle page de votre cahier avec le titre suivant : Définir le problème ou l'opportunité à saisir ou le problème à résoudre.

Écrivez « Comment pourrais-je... » et au-dessous, faites une longue liste de questions inspirées par votre souhait de départ (Je voudrais... ou Ce serait formidable si...) et par les informations que vous avez rassemblées entre les Étapes 1 et 2 et pendant la session 2. Ne vous inquiétez pas si les questions sont incomplètes ou pas tout à fait correctes grammaticalement. Vous pourrez remarquer que le mot « pourrais » est plus ouvert que « peux » ou « vais peut-être ». Il va vous permettre d'aller au-delà de ce qui vous paraît acceptable et possible aujourd'hui et vous invite à regarder de nouvelles possibilités.

Lorsque vous aurez écrit une liste de 10 à 20 questions, écrivez et réécrivez, changez un mot ici ou là, allongez la liste en pensant aux points de vue suivants :

- Comment est-ce que mon/ma meilleur(e) ami(e) poserait la question ?
- Et mon/ma meilleur(e) ennemi(e) ?
- Mon patron ?
- Mon compagnon / ma compagne ?
- Les membres de ma famille ?
- Quelqu'un qui a du succès dans ce domaine ?
- Comment des personnalités connues comme Gandhi, Marie Curie, Einstein, Marilyn Monroe, Éric Cantona, etc., poseraient la question ?
- Et des personnages de fiction ?
- Un enfant de cinq ans ?
- Un concurrent ?
- Quelqu'un d'une autre entité de mon entreprise ?
- Un enseignant qui m'a inspiré dans ma vie ?

Combinez les questions : *Regardez votre liste de questions et voyez si vous pouvez en combiner certaines, des bouts de questions entre elles, pour en faire de nouvelles questions. Écrivez-les.*

Changez les verbes : *Relisez votre liste et voyez ce qui se passe si vous changez les verbes. Écrivez les nouvelles questions.*

Synonymes : *Changez d'autres mots et cherchez des synonymes. Écrivez les nouvelles questions.*

Inversez : *Examinez les questions et inversez certains verbes ou autres mots. Écrivez les nouvelles questions.*

Nous vous recommandons d'utiliser l'échelle d'abstraction, une technique créative puissante qui va aider votre client à générer des questions qui font appel à l'imagination *et* qui sont dans son champ d'influence. Si votre client écrit des solutions qui sont tellement *concrètes* qu'elles ne font pas appel à l'imagination, demandez-lui « *pourquoi voulez-vous trouver des réponses à ces questions ?* » et aidez-le à reformuler ses réponses en nouvelles questions « *Comment pourrais-je... ? »*. Si les formulations de votre client sont tellement *abstraites* qu'il n'a aucun pouvoir sur les problèmes qu'il décrit, demandez-lui « *qu'est-ce qui vous empêche de trouver des réponses à cette question ?* » et invitez-le à formuler ses réponses en nouvelles questions « *Comment pourrais-je... ? »*.

L'échelle d'abstraction

4ᵉ temps. Converger

Votre client va maintenant converger et choisir la formulation du problème ou de l'opportunité la plus marquante parmi toutes les formulations qu'il vient juste de lister.

Consignes

- *Prenez le temps de balayer toutes les questions « Comment pourrais-je ? » que vous avez écrites sous le titre Définir le problème ou l'opportunité et sélectionnez 5 à 10 questions qui :*
    - *sont les plus importantes, intéressantes ou intrigantes, et*

- ont besoin de votre imagination pour trouver des réponses (sinon il vous suffit d'y répondre simplement et de mettre en œuvre votre solution) et
  - sont motivantes, et
  - sont des problématiques pour lesquelles vous, personnellement, pouvez faire quelque chose d'une façon ou d'un autre.

- Quels sont les thèmes qui émergent ? Écrivez-les aussi.
- Fermez les yeux pendant une minute, prenez de grandes inspirations et demandez-vous quel est le réel problème ou la réelle opportunité sur le(a) quel(le) vous voulez vous concentrer à partir de maintenant.
- Regardez les questions « Comment pourrais-je… ? » et regardez si vous voulez les changer pour les rendre plus inspirantes et vous mettant plus au défi, en changeant des mots sans vous préoccuper de la grammaire.
- Prenez les meilleures parties des questions et rassemblez-les en une seule qui soit motivante, ambitieuse et positive.
- Prenez une nouvelle page dans votre cahier et écrivez votre formulation en haut de cette page : Comment pourrais-je… ?
- La prochaine fois, nous chercherons le plus de réponses possibles à cette question.

5ᵉ temps. Revenir sur le processus

Cette session peut mener à des réalisations importantes, par exemple à propos du progrès effectué depuis le souhait qui a été formulé à l'Étape 1. Voici quelques questions que vous pouvez poser :

- *Comment vous sentez-vous maintenant ?*
- *Avez-vous noté des évolutions depuis votre souhait de départ et cette question « Comment pourrais-je… ? »*

Explorez ensemble les effets de la clarification qui émerge de cette session.

6ᵉ temps. Préparer les exercices personnels pour l'Étape 4 : Générer des idées

Les exercices **généraux** sont bien évidemment maintenus :

1. Tenir un journal
2. Rester tranquille ou méditer au moins 5 minutes par jour – si possible plus longtemps
3. Si nécessaire, travailler sur les **blocages profonds**.

Avec votre client, vous pouvez choisir parmi les exercices **spécifiques** suivants afin de préparer le prochain rendez-vous, et d'entrer dans le mode de pensée d'idéation. Vous pouvez aider votre client en lui demandant de chercher l'inspiration, de se préparer à **Générer des idées** (Étape 4) – et non pas des solutions idéales et complètement structurées, qui émergeront lors de la **Conception de la solution** (Étape 5).

1. Intégration de la formulation du problème ou de l'opportunité

Écrivez votre « comment pourrais-je... ? » et affichez-le à différents endroits autour de vous afin de vous le rappeler régulièrement : sur votre journal, à des endroits visibles chez vous ou à votre travail. Laissez passer du temps ainsi, vivez avec cette question et voyez si elle reflète ce que vous cherchez réellement comme solution à partir de maintenant. Si vous le voulez, vous pouvez la modifier et la rendre encore plus intéressante et attirante. Assurez-vous qu'elle appelle bien à la nouveauté et que vous ne pouvez pas y répondre trop facilement. Votre question doit vous mettre au défi et sembler presque impossible à résoudre, tout en étant très désirable.

2. Connexions forcées

Considérez que tout et tout le monde dans votre environnement est une source d'inspiration. Pensez à toutes les façons (Divergence) dont ces sources d'inspiration vous offrent des débuts de réponses à votre « comment pourrais-je... ? ». Par exemple, un oiseau peut vous faire penser à la liberté, à la résilience, aux saisons, à la migration, à des stratégies d'adaptation spécifiques, à des couleurs, à des endroits, à de la nourriture, aux œufs, aux nids, etc. Connectez ces notions avec votre question : Qu'est-ce que la liberté vous inspire ? Qu'est-ce que les nids vous inspirent ? etc. Pratiquement n'importe quoi peut être un stimulus. De nouvelles dimensions surprenantes s'ouvrent lorsque tous les sens sont sollicités : la vue, l'odorat, le toucher, l'ouïe, le goût. Des stimuli inhabituels peuvent susciter des idées très intéressantes, mais un simple trombone peut aussi faire l'affaire!

Ayez toujours sous la main de quoi capturer vos connexions et écrivez les idées qui vous viennent dans votre cahier. Souvenez-vous, ce sont des débuts d'idées, ne les jugez pas, il est trop tôt pour cela !

3. Amplifiez votre inspiration : donnez-vous rendez-vous avec vous-même pour un « moment-créa »

Cassez vos routines de façon consciente et essayez de faire de la place à des activités qui vous donnent de l'énergie créative. Avec vos « Comment pourrais-je... ? » en tête, allez voir un film, ou une exposition à laquelle vous n'iriez pas habituellement, rencontrez gens qui vivent des vies différentes de la vôtre, étirez votre esprit, invitez la surprise et la découverte, mettez-vous au défi. Écrivez les nouvelles pensées et idées dans votre cahier, même si cela vous paraît très éloigné d'une solution efficace à ce moment-là de votre parcours.

4. Recherche de succès

Cherchez de quelle façon d'autres ont réussi ce que vous cherchez à faire. Regardez aussi de quelle façon les gens ont échoué. Écrivez vos pensées et vos idées dans votre cahier.

5. Pensées affirmatives

Affirmez-vous à vous-même que vous allez répondre à votre problème ou question et que votre problème va être résolu. Répétez ces affirmations 5 fois de suite, plusieurs fois par jour. Cela apportera une énergie positive à votre recherche.

Générer des idées

Étape 4. Générer des idées
Quelles sont toutes les façons d'y arriver ?

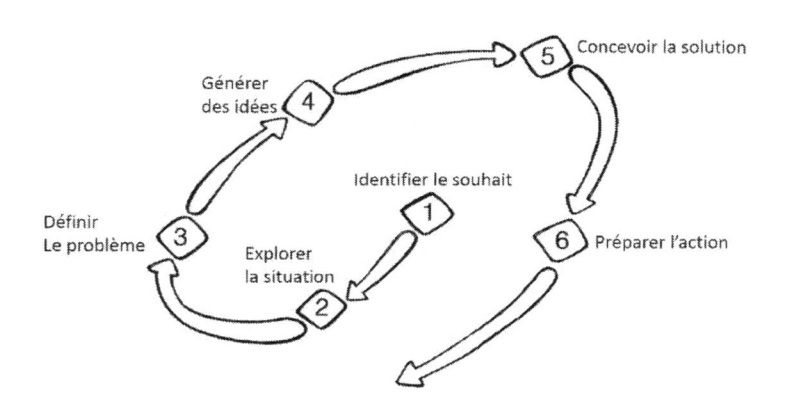

Modèle Parnes-Osborn Creative Problem Solving

Étape 1. Identifier le souhait : *Que désirez-vous changer ?*
Étape 2. Explorer la situation : *Que se passe-t-il ?*
Étape 3. Définir le problème : *Que voulez-vous accomplir spécifiquement ?*
Étape 4. **Générer des idées** : *Quelles sont toutes les façons d'y arriver ?*
Étape 5. Concevoir la solution : *Que vous voyez-vous faire ?*
Étape 6. Préparer l'action : *À vos marques, prêt, partez !*

La quatrième étape du coaching avec le CPS est la plus créative dans le sens habituel du terme ; à l'aide de techniques de créativité, de nombreuses nouvelles idées sont produites, exprimées et explorées en réponse à la question formulée à l'étape précédente. Tout ce qui peut encourager l'inspiration est bienvenu, comme toujours dans cette approche ; se sentir détendu, libre et être prêt à prendre des risques aide le flot des idées à s'écouler. C'est une étape particulièrement dynamique au cours de laquelle les progrès sont souvent très nets car le client réalise qu'il a beaucoup d'options positives pour l'avenir.

À l'Étape 1, **Identifier le souhait**, votre client a choisi un souhait ou un but auquel s'attacher. Dans l'Étape 2, **Explorer la situation**, il a exploré des informations de toutes sorte, liées à ce souhait ou but, mettant ainsi en lumière ses forces et zones de progression aussi bien que sa situation actuelle et sa situation désirée. À l'Étape 3, **Définir le problème**, il a défini le problème qu'il souhaite résoudre ou l'opportunité qu'il désire saisir, pour lequel ou laquelle il désire trouver des idées et des actions. Il a formulé une question spécifique qui commence par « *Comment pourrais-je… ?* » ou « *De quelles façons pourrais-je… ?* ». Cette question sert de démarrage à l'Étape 4, **Générer des idées**.

Dans l'Étape 4, votre client va encore diverger et converger. Dans la phase de divergence, toutes les idées sont les bienvenues, aussi folles puissent-elles paraître. En fait, les idées inhabituelles mènent souvent à de nouvelles approches pour résoudre le problème. Vous encouragerez votre client à générer beaucoup d'idées pour répondre à sa question, de façon à s'attaquer à son problème. Ces idées seront au départ des embryons d'idées et ne répondent qu'à une partie du problème ou de l'opportunité. Dans la phase de convergence, une fois que votre client aura beaucoup d'idées, de réponses et d'alternatives, il combinera celles qui vont ensemble et choisira les idées ou les groupes d'idées qui correspondent à sa situation de la façon la plus satisfaisante, en fonction de critères.

L'élaboration de ces idées se fera plus tard, à l'Étape 5. Ce passage graduel d'idées embryonnaires à une solution élaborée prête à être mise en œuvre offre beaucoup de liberté, de créativité et la possibilité de prendre des risques tout au long du processus. Il n'y a surtout pas d'urgence à trouver une seule solution parfaite très vite. Le processus est semblable à celui qui consiste à se laisser aller à écrire un premier brouillon imaginatif et peut être fouillis avant de structurer les phrases, vérifier la grammaire et le vocabulaire, et faire l'édition avant impression.

La fin de l'Étape 3, au cours de laquelle votre client choisit une formulation de question commençant par « *Comment pourrais-je... ? »* ou *« Quelles sont toutes les façons dont je pourrais... ? »*, est le début de l'Étape 4, **Générer des idées**.

Résumé

Le début de l'Étape 4 est une formulation de problème sous forme d'une question commençant par *« Comment pourrais-je... ? »* ou *« Quelles sont toutes les façons dont je pourrais... ? »*.
La fin de l'Étape 4 est une courte liste de 3 à 5 idées parmi les plus intéressantes qui répondent à la question. Ces idées servent de transition à l'Étape 5, **Concevoir la solution**.

Déroulé de la session

Cette session se découpe en 6 temps :
1. Retour sur les exercices (10-15 minutes)
2. Instaurer un climat créatif (5 minutes)
3. Diverger (60 minutes)
4. Converger (20 minutes)
5. Revenir sur le processus (10-15 minutes)
6. Préparer les exercices inter session pour l'Étape 5, **Concevoir la solution** (5 minutes)

1ᵉʳ temps. Retour sur les exercices

Une part importante de ce que vous allez utiliser dans cette session vient des exercices spécifiques que votre client aura réalisés entre les deux sessions. Nous consacrons une bonne part de la séance à ce temps, mais gardez à l'esprit que la répartition de la durée pendant chacune des sessions est flexible et varie avec chaque client. Votre client apportera les résultats de ses exercices directement pour la session ; vous n'aurez pas besoin de les consulter à l'avance.

Vous pouvez commencer par discuter des exercices généraux sur le plan du processus ; le contenu sera traité pendant la phase de divergence de la session.

1. Tenir un journal
Comment cela s'est-il passé pour vous de tenir ce journal ? À quel rythme avez-vous tenu votre journal ? Qu'avez-vous ressenti en écrivant ? Qu'avez-vous retiré de cette activité ? Qu'avez-vous découvert ? Qu'est-ce qui est nouveau ou surprenant pour vous ?

2. Rester tranquille ou méditer
Comment cela s'est-il passé ? Comment avez-vous vécu cette expérience ? Pensez-vous continuer ? Pourriez-vous allonger la durée de vos méditations ? Avez-vous noté des changements dans votre expérience de la méditation depuis le démarrage de votre coaching ?

3. Résoudre les blocages profonds, si nécessaire
Qu'avez-vous constaté à propos de vos blocages ? Comment cela s'est-il passé ?

Vous pouvez alors discuter des exercices spécifiques, et utiliser ces informations comme point de départ de la phase de divergence.

4. Intégration de la formulation du problème ou de l'opportunité
Comment votre client a-t-il ressenti la formulation de son problème ou de son opportunité entre les deux sessions ? L'a-t-il laissé tel qu'il était à la fin de l'Étape 3 ou a-t-il ressenti le besoin de le changer, de le tordre, de l'améliorer d'une façon ou d'une autre ? Vérifiez qu'il est satisfait de la formulation à laquelle il a abouti ; celle-ci doit être intéressante, attirante, demander un effort et amener à de nouvelles pensées. Il faut aussi que ce soit un problème ou une opportunité sur laquelle votre client a une influence directe. Si tel n'est pas le cas, invitez votre client à prendre quelques minutes pour parfaire sa formulation dans ce sens.

5. Techniques des connexions forcées, étirement de l'inspiration et recherche de succès
Si votre client a fait une liste d'idées qui sont apparues suite à la dernière session, que ce soit en utilisant les connexions forcées ou pas, l'étirement de l'inspiration ou la recherche de succès, demandez-lui de les avoir à portée de la main pour cette session. Ces idées seront le point de départ d'une longue liste d'alternatives pour le temps de divergence.

Si votre client n'a pas tenu son rendez-vous créatif avec lui-même, explorez-en les raisons :

- *Pourquoi ?*
- *Est-ce que cela ne valait pas la peine de prendre ce temps, ou est-ce que vous ne valez pas la peine de prendre ce temps ?*
- *Avez-vous pris une sortie de route créative, étiez-vous trop occupé avec tout un tas d'autres choses qui vous ont éloigné de votre souhait ?*
- *Avez-vous pensé que ce rendez-vous était un luxe inutile, un simple jeu, pas assez porteur de sens ?*

La résistance au changement
Vous verrez peut être que votre client résiste particulièrement au changement à cette étape ; il est utile de le sensibiliser à cette résistance. En effet, face au changement réel, nous faisons souvent marche arrière, en nous fondant sur le fait que la situation actuelle n'est pas si insatisfaisante que cela. En effet, nous connaissons le problème actuel et sa familiarité le rend plus confortable qu'une situation nouvelle et inconnue. C'est ce que Cameron appelle « La sortie de route créative ».

Traiter les sources habituelles de résistance
Certains clients trouvent difficile de « simplement jouer » avec les idées sans définir rapidement un résultat spécifique, concret et clair. Cela vient en partie de ce que les psychologues appellent la tolérance basse à l'ambigüité[12]. Cela est particulièrement répandu parmi les personnes ayant comme préférences Jungiennes (indiquées par le CCTI ou MBTI) S, T et J (préférences Sensation, Pensée et Jugement). Il y a différentes choses que vous pouvez dire à votre client pour l'aider à supporter l'inconfort de l'ambigüité ou d'un résultat peu clair, étape nécessaire du changement, et à trouver de la valeur à cette expérience :

> - L'inconfort est temporaire ; le changement se fait par à-coups, avec des moments d'inconfort et des moments d'intégration des nouveaux paradigmes qui permettent de s'habituer.

---

[12] Lubart, T., *Psychologie de la créativité*, 2003

- Ce mode expérimental fait partie d'une méthode structurée et il y aura beaucoup d'opportunités pour appliquer un mode de pensée rationnel et pratique avec des critères avant de mettre en œuvre un nouveau plan d'action.

- Expérimenter le sens du risque ici est en soi un changement intéressant pour votre client. Tandis qu'il explore ses inquiétudes et ses hésitations, il pourra peut-être avoir de moins en moins peur.

- Le risque est ici limité car la situation de coaching garantie la sécurité. Par ailleurs, faire face au risque et l'envisager est un bon entraînement à gérer l'insécurité en dehors de la situation de coaching.

- Jouer avec les possibilités et les alternatives peut donner des résultats fructueux. On ne peut le savoir tant qu'on n'a pas essayé.

Explorez les sources de résistance; qu'elles proviennent de la peur du changement ou d'autres causes. Voici quelques questions qui peuvent aider votre client à examiner ses résistances et peut être à les dépasser.

- *Que pourrait-il se passer si votre souhait ne se réalisait pas ? Imaginez que tel est le cas. Comment vous sentez-vous ? Que pensez-vous ?*
- *Que peut-il arriver de pire si votre souhait se réalise ? Que feriez-vous ? Que diraient et feraient les gens autour de vous ?*
- *Quelle est la probabilité que le scénario du pire puisse réellement se produire ?*
- *Si le scénario du pire se produit, que pouvez-vous faire ? Comment pouvez-vous en anticiper les conséquences ? Quelles parties de ce scénario vous inspirent-elles de nouvelles idées ? Qu'y aurait-il de bon à tirer de cela ?*

Se confronter aux plus grandes peurs calme souvent bien des résistances. Leur faire face et travailler dessus aide à réaliser que l'on peut les prévenir et/ou peut être qu'elles ne sont pas si dramatiques que cela. « *Les peurs grandissent dans l'ombre »* se plaisent à dire Geneviève Cailloux et Pierre Cauvin, experts internationaux de la psychologie jungienne.

2ᵉ temps. Instaurer un climat créatif

Faites un court exercice de relaxation (voir Annexe 2) et/ou répétez les principes de la suspension du jugement (adoptez une attitude Oui, et !, ne jugez pas ce que vous allez écrire, faites une longue liste et continuez à chercher des réponses après avoir écrit les plus évidentes), cherchez la nouveauté et les idées folles, combinez les idées et construisez sur les idées, prenez tout en note.

3ᵉ temps. Diverger

À l'aide de techniques de créativité votre client peut produire une longue liste d'idées qui répondent à sa question-problème. Choisissez les techniques en fonction des préférences de votre client en matière de mode de pensée et de style de personnalité à partir de la typologie explorée au cours de l'Étape 2. Les techniques qui utilisent des stimuli concrets et tangibles font appel à la fois à la Sensation et à l'Intuition (ex. connexions avec les sens), tandis que d'autres techniques relèvent plus particulièrement des deux préférences (ex. les analogies sont plutôt préférées par la préférence Intuition). Faites aussi attention au type de communication ; certaines personnes sont plus visuelles, d'autres plus auditives ou kinesthésiques. Vous pouvez solliciter tous les sens (vue, ouïe, toucher, odorat, goût) en invitant votre client à associer librement à partir de stimuli, puis à faire le lien entre ces associations avec sa question pour trouver de nouvelles idées. Par exemple, vous pouvez demander à votre client de sentir diverses odeurs et de voir quelles associations il fait à partir de ces dernières et à quelles idées cela le mène.

Ci-dessous, vous trouverez une sélection de techniques de divergence parmi lesquelles choisir. Certaines peuvent inspirer votre client plus que d'autres. Si une technique n'apporte pas beaucoup d'inspiration, passez à une autre. Parfois vous aurez besoin de plusieurs techniques pour rassembler suffisamment d'idées. Soyez prêt à en utiliser quelques-unes mais si la première fonctionne et que vous manquez de temps, c'est aussi bien. Ce qui est important pour votre client c'est de découvrir des idées qu'il n'a pas eues auparavant, qui l'intéressent et qui répondent potentiellement à sa question.

Vous aurez peut-être envie d'expérimenter ces techniques vous-même avant de les utiliser en coaching.

Matériel
- Un jeu d'images sur différents sujets ; la nature, l'art, les gens, des situations, des scènes familières et moins familières, des images abstraites... Vous pouvez créer votre propre jeu d'images à partir de magazines ou d'Internet, utiliser des cartes postales gratuites, ou encore vous procurer des jeux d'images proposés par des professionnels de la créativité.
- Stimuli sensoriels variés[13] :
    o *Herbes et épices en pots (estragon, romarin, poivre, cannelle, cardamome, vanille, noix de muscade, etc.)*
    o *Huiles essentielles (lavande, citrus, eucalyptus, etc.)*
    o *Différents tissus/textures à toucher (soie, laine, coton, paillasson, etc.)*
    o *Bonbons (à la menthe, au chocolat, au café, à la framboise, etc.)*
    o *Musique (des morceaux lents ou dynamiques de sources variées ; classique, musiques traditionnelles, musique du monde, danse, etc.).*

Consignes

Écrivez la question « Comment pourrais-je... ? » *ou* « De quelles façons pourrais-je... ? » *sur une nouvelle page. Au-dessous, écrivez toutes les idées que vous avez eues entre les*

---

[13] Vérifiez au préalable d'éventuelles allergies.

deux sessions et toutes les nouvelles idées qui vont venir au cours de cette session.

Associez librement, laissez les idées venir les unes après les autres, voyez comment chacune ouvre de nouvelles opportunités et de nouvelles façons de voir la situation et de répondre à votre question.

Techniques de pensée créative

Associations libres ou roue libre

Encouragez votre client à mettre de côté sa pensée logique et linéaire pendant la durée de l'exercice, à simplement laisser les pensées venir librement les unes après les autres, au hasard, d'un sujet à un autre, et à tout écrire. L'esprit laisse naturellement les idées émerger. Les clients sont en général plus aptes à explorer et découvrir de réelles nouvelles pistes qu'ils ne le pensent. L'association libre ou roue libre est souvent la première activité dans une phase de divergence ou de brainstorming. Elle est parfois aussi appelée purge. Les idées qui attendaient déjà à l'arrière de la tête sont identifiées et exprimées.

Connexions

Cette technique comporte deux moments :

1. Le premier moment implique de rassembler les évocations à partir d'un stimulus ou de plusieurs stimuli, par exemple un mot, une photo, une personne (consultant virtuel), une situation, une étoffe, un goût, une plante, etc.
2. Le second moment consiste à faire le lien (connecter) entre ces évocations et le problème et chercher des réponses qui sont plus ou moins directement inspirées par ces évocations.

Connexions avec des images sur des cartes postales

Donnez à votre client une image, par exemple sur une carte postale :

1. Demandez-lui de prendre 10 secondes pour dire tout ce qui lui passe par la tête en regardant cette image, comme si elle pouvait lui parler.
2. Demandez-lui de lister 5 à 8 nouvelles réponses à sa question, inspirées par ce que l'image lui suggère. Si votre client laisse son esprit divaguer dans les

évocations et part dans différentes directions, c'est tout à fait bien.

Connexions avec des goûts, des odeurs, des textures
Proposez un stimulus sensoriel ; par exemple, un fruit ou un bonbon (voir la liste de matériel ci-dessus) :
1. Demandez à votre client d'explorer ce stimulus ; regarder, toucher, écouter, sentir, goûter, et pendant ce voyage sensoriel, écrivez les associations qui viennent à son esprit.
2. Demandez-lui de lister de nouvelles réponses à sa question, inspirées par les associations faites lors de son voyage sensoriel.

Liste de coté
Invitez votre client à faire une liste de ses loisirs, de ses centres d'intérêt (tennis, golf, lecture, etc.). Après cet interlude mental rapide, quelles sont les nouvelles idées qui émergent en réponse à sa question ?

Liste d'attributs
Demandez à votre client de penser à une situation qu'il aime ou à son loisir préféré et de faire la liste de tous ses attributs ou caractéristiques. Qu'est-ce que votre client aime particulièrement dans ce loisir, dans cette situation ? (exemple pour le tennis : être dehors, le mouvement du bras, jouer avec un partenaire….) Revenez à la formulation du problème et voyez comment la liste de ces attributs apporte un nouvel éclairage sur l'objectif et de nouvelles idées.

Consultant virtuel
Votre client peut-il penser à son chanteur, acteur, artiste, écrivain, préféré ? Demandez-lui comment cette personne résoudrait le problème. Que ferait-elle ? Quelles idées lui souffle cette personne.

Incubation
Faire une pause, dormir sur l'idée, se relaxer ou marcher aident le cerveau à faire de nouvelles connexions et à avoir de nouvelles idées. En fait, la plupart des idées viennent lorsque le cerveau est dans un état de relaxation. Après avoir passé un certain temps à rechercher de façon active, le cerveau continue naturellement, souvent inconsciemment, de combiner des pensées pour trouver de nouveaux liens.

Au cours d'une session, vous pouvez encourager votre client à faire une pause, à regarder dehors, à s'étirer, à écouter de la musique, à feuilleter un livre, etc. De nouvelles idées viennent même après un court moment d'incubation.

SCAMPER
C'est un acronyme de verbes stimulants. Ces verbes peuvent être appliqués au problème ou aux idées.
Substituer : remplacer un ou plusieurs éléments de la situation ou d'une idée par d'autres éléments.
Combiner : combiner les idées, les mixer, et créer de nouveaux groupes d'idées.
Adapter : adapter les idées pour qu'elles répondent mieux à la question, changer la situation en en changeant des éléments.
Modifier : changer la situation ou les idées en les rendant radicalement différentes.
Prendre pour d'autres usages : voir comment les éléments de la situation ou d'une idée peuvent servir dans d'autres situations, pour d'autres idées, problèmes, personnes, travaux.
Éliminer : enlever des morceaux de la situation ou d'une idée et voir la nouvelle situation ou la nouvelle idée qui apparaît.
Réarranger : tourner la situation ou l'idée dans tous les sens (haut/bas, devant/derrière...) et voir ce qui se passe.

Brainstorming inversé
Demandez à votre client d'écrire une formulation de problème opposée à la sienne et de chercher des idées qui répondent à ce « problème inversé ». Lorsqu'il aura obtenu une liste de 10 à 12 idées, demandez-lui de les transformer pour qu'elles répondent à sa réelle problématique. Cette technique est efficace car elle aide le client à voir sa situation d'un point de vue totalement différent et à comprendre des choses qu'il n'aurait pas pu réaliser lui-même. D'autre part, le client se provoque lui-même sur un mode humoristique à la fois drôle et libérateur.

Analogies
Pensez au problème, puis pensez à la nature. Dans la nature, à quoi ressemble ce problème ? Comment le problème se transforme-t-il dans la nature ? Par exemple, quelqu'un qui cherche de nouvelles ressources pourrait être inspiré par l'analogie avec le désert : où se trouvent les points d'eau, où les plantes et les insectes trouvent-ils de quoi se nourrir et comment ces stratégies naturelles inspirent-elles de nouvelles façons de découvrir des ressources peu connues ?

Casser les présupposés

Sur une page séparée, demandez à votre client la liste des éléments du problème qu'il pense être vrais, ses croyances et ses présupposés comme par exemple *« il faut que je gagne la somme de xxx »* ou *« il faut que je travaille dans une ville »*. Ensuite, pour chacune de ces croyances demandez-lui si elles étaient fausses, quelles nouvelles possibilités cela lui ouvrirait-il. Par exemple : *« si je n'avais pas à gagner la somme de xxx, mais la seulement la moitié »* ou encore *« si je n'avais pas besoin de gagner d'argent du tout »* en quoi la situation serait-elle différente et quelles nouvelles possibilités apparaitraient ?

Pas de limites !

Et s'il n'y avait aucune de limite ni de temps ni d'argent ? Aucune contrainte ! Quelles nouvelles idées émergent ? Qu'est-ce qui pourrait être fait ? Quels sont les différents choix que vous pourriez faire ?

Cherchez l'absurde !

Pensez à de solutions folles et impossibles. Quelles sont les idées les plus absurdes que vous pouvez imaginer ? Cherchez-en au moins cinq. Comment ces idées folles vous inspirent-elles ? Quelles sont les nouvelles choses que vous pourriez faire ?

Pensez à haute voix

Laissez simplement votre esprit vagabonder et votre bouche former des mots pour décrire ce qui se passe dans votre esprit. Quelles nouvelles idées émergent ?

Jusqu'à la fin de la phase de divergence, votre client a beaucoup d'idées. Demandez-lui de les lire et de voir quelles idées peuvent être combinées et quelles nouvelles idées émergent. Écrivez vos nouvelles pensées.

4ᵉ temps. Converger

Votre client va maintenant converger et choisir les idées les plus prometteuses parmi celles qu'il vient de lister.

Matériel :
- crayons de couleur
- grands post-its rectangulaires
- un bout de papier pour coller les post-its

Consignes

- *Fermez les yeux pendant une minute, prenez de longues inspirations*
- *Remémorez-vous le problème ou l'opportunité sur laquelle vous vous concentrez*
- *Prenez le temps de relire toutes les idées que vous avez écrites au-dessous de « Comment pourrais-je... ? » ou « Quelles sont toutes les façons dont je pourrais... ? »*
- *Pensez aux critères qui vont vous aider à choisir parmi les idées les plus prometteuses, celles qui par la suite vont se développer en solution et actions. Voici quelques bons critères pour cette phase du processus de coaching :*
    - *les idées les plus intéressantes ou intrigantes*
    - *les idées qui répondent au problème d'une façon nouvelle*
    - *les idées pour lesquelles vous pouvez faire quelque chose*
- *Soulignez les idées qui remplissent un ou plusieurs de ces critères en utilisant une couleur par critère.*
- *Recopiez les idées que vous avez soulignées avec au moins une couleur sur les post-its ; une idée par post-it.*
- *intéressez-vous aux idées qui sont soulignées par une seule couleur et essayez de les changer pour qu'elles remplissent au moins un critère supplémentaire.*
- *Regroupez les post-its afin de mettre ensemble les idées qui ont des points communs. Une fois que vous avez créé les regroupements, donnez-leur un titre ou un nom et écrivez en quelques phrases l'essence de chacun.*
- *Convergez encore : lisez la formulation de votre problème, puis les titres et choisissez le regroupement qui vous motive le plus, qui « vous saute aux yeux », qui vous appelle et vous donne de l'énergie.*
- *Prenez une page blanche de votre cahier et écrivez en haut de cette page : « Ce que je me vois faire c'est... » puis recopiez le titre ou le nom du regroupement qui a émergé. Vous pouvez vouloir ajouter quelques idées isolées qui renforcent le regroupement pour le rendre plus concret et facile à mémoriser.*
- *Dans la session suivante, nous allons développer ce regroupement d'idées pour qu'il devienne une solution à mettre en œuvre. Si plusieurs regroupements sont intéressants à cette étape, vous allez être capable de les comparer dans la session suivante.*

~~~~~

Étude de cas

La formulation de l'opportunité pour Mary était : « *Comment pourrais-je (à partir de mes propres forces, avec inspiration et joie) trouver des réponses profondes et utiles pour les autres ?* » En appliquant les techniques créatives décrites ici, elle a généré 90 idées. Elle a sélectionné et regroupé les 12 les plus intéressantes et les plus attirantes. Cela produit la liste d'alternatives suivantes :

Thème 1 : Rendre des familles à nouveau émotionnellement saines (GROUPES)

Idées :

   a. aider les familles avec des enfants jusqu'à 18 ans
   b. détacher les gens de leurs problèmes
   c. amener les gens à mieux se comprendre et à comprendre les autres
   d. aider les familles à trouver leur but commun
   e. reconnaître tous les rôles de la famille
   f. honorer les valeurs de la famille
   g. se concentrer sur les solutions et les contributions de chacun à ces solutions

Faire tout ceci à travers des activités avec les familles : promenades, jardinage, lire les uns pour les autres, faire la cuisine ensemble.

Thème 2 : Dans les limites de leurs capacités, aider les gens à croire en leurs forces (naturelles) (INDIVIDUS)

Idées :

   a. rendre les gens conscients de ce qu'ils ont de positif
   b. les rendre conscients de leur pouvoir
   c. aider littéralement les gens à « s'enraciner » et à se débarrasser des ennuis quotidiens
   d. stimuler les adultes et les enfants pour expérimenter l'importance de la nature, afin qu'ils gagnent en équilibre et en force

e. jardiner et cuisiner avec des enfants, les laisser expérimenter et jouir du cycle de la vie.

Faire tout ceci en allant dans la nature : se promener, se tenir fermement debout sur le sol, jardiner, profiter de la nature.

Thème 3 : Faire la cartographie des organisations
Idées :

a. développer ma propre méthode pour apporter le monde extérieur à l'intérieur des organisations
b. aider les managers à comprendre réellement comment sont les gens
c. donner aux managers une carte ou une boussole pour avancer.

~~~~~

5ᵉ temps. Revenir sur le processus et s'intéresser au motif intérieur

Demandez à votre client comment il a vécu le processus de génération des idées :

- comparer les temps de divergence et de convergence
    - *Avez-vous préféré la divergence, la convergence, ou avez-vous aimé les deux ?*
    - *Comment l'expérience de la divergence et de la convergence est reliée à votre processus créatif quotidien ?*
- au cours du temps de divergence
    - *Qu'est-ce qui a aidé le flot des idées ? Qu'est-il arrivé ?*
    - *Y-a-t-il une différence entre les premières idées et les dernières idées ?*
    - *Y-a-t-il eu des instants « eurêka », des moments de prise de conscience ? S'il y a eu des surprises, quelles ont été celles-ci, et quand sont-elles apparues dans le processus ?*

- *Y-a-t-il des techniques, des questions et des stimuli qui sont été plus inspirants ou plus difficiles ?*
- au cours du temps de convergence
  - *Comment vous êtes-vous senti lorsqu'il s'est agi de relire les idées ?*
  - *et lorsque vous avez choisi les idées les plus prometteuses ?*

Au-delà de la convergence, vous pouvez commencer la quête du motif intérieur de votre client, la force intérieure qui a aidé la génération des idées ; le thème qui a relié les idées sélectionnées ? Qu'est-ce qui apparemment est essentiel pour votre client ? Votre client va explorer et ainsi mobiliser un niveau de conscience plus profond.

Se connecter à sa motivation intérieure donne à votre client une forte motivation pour aller de l'avant avec ses idées et les mettre en œuvre.

~~~~~

Étude de cas

Selon Mary, la motivation intérieure (le thème sous-jacent qui relie tous les thèmes et les idées qu'elle a sélectionnés) était : « que dans les personnes, les familles et les organisations, des choses se passent, soient faites, qui donnent de la force aux gens et les rendent heureux ».

~~~~~

Le contenu du débriefing va vous aider à choisir le meilleur type d'exercices personnels spécifiques à donner à votre client dans le dernier temps de cette session.

6ᵉ temps. Préparer les exercices personnels pour l'Étape 5 : « concevoir la solution ».

Maintenez les exercices **généraux** qui sont donnés pour tout le processus de coaching :

1. Tenir un journal

Invitez votre client à écrire le regroupement d'idées qu'il a choisi et les idées principales qui en font partie en haut d'une nouvelle page de son cahier et de tenir son journal tous les jours en utilisant l'écriture automatique. Il pourrait vouloir aussi écrire à propos de ses autres idées favorites.

2. Rester tranquille ou méditer au moins 5 minutes par jour – si possible plus longtemps

En se relaxant et en méditant, votre client peut garder ses idées en tête, et voir comment il se sent à leur propos dans cet état de relaxation, et quelles nouvelles inspirations lui viennent. Après avoir médité, il est utile d'écrire les nouvelles informations dans le cahier.

3. Si nécessaire, travailler sur les **blocages profonds**

Avec votre client, vous pouvez choisir parmi les exercices **spécifiques** suivants afin de préparer le prochain rendez-vous, et entrer dans le développement de solutions. Vous pouvez aider votre client en lui disant qu'il se prépare à « **concevoir la solution** » (Étape 5) de laquelle une solution idéale, complètement structurée émergera. Rien n'est définitif à ce moment ; votre client est encore en train d'explorer les possibilités et cherche comment elles pourraient répondre à sa question.

4. Votre client pourrait vouloir **parler de ses idées** à ses amis et leur demander leur avis

De telles conversations peuvent apporter des ajouts utiles et des améliorations, que votre client écrira dans son cahier. Ceux qui ont une préférence pour l'Extraversion (le E de la typologie jungienne) sont généralement à l'aise avec la recherche de feedback de la part d'autres personnes. Assurez-vous que votre client demande un feedback bienveillant et constructif.

5. Une autre façon d'explorer les possibilités est d'**imaginer qu'elles ont été mises en œuvre** et de voir quel impact ont les résultats

Par exemple, est-ce que cela apporte un plus grand niveau de bien être ? Si votre client a une préférence pour l'Introversion (le I de la typologie jungienne) il pourrait particulièrement apprécier cette approche.

6. Découvrir sa motivation intérieure

Demandez à votre client de s'asseoir confortablement avec ses regroupements d'idées préférés et de voir s'il peut découvrir des thèmes sous-jacents qui relient toutes ces idées. Quelle motivation le mène apparemment vers ces idées ? Invitez-le à formuler cette motivation en une phrase et l'écrire dans son cahier.

CREACoaching : Boostez votre coaching au moyen de *plus de 50* techniques créatives

Concevoir la solution

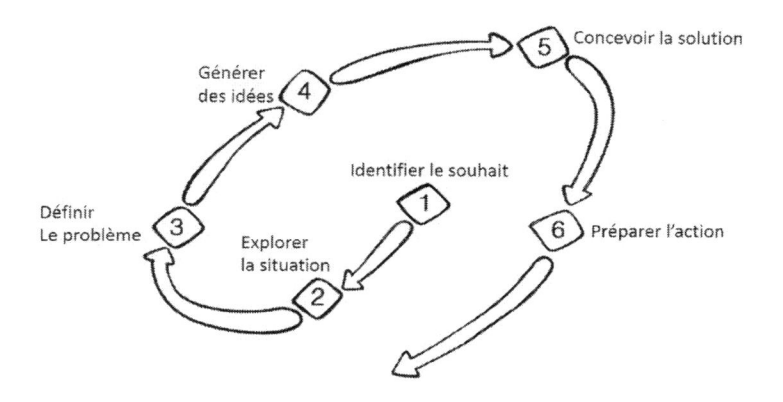

Étape 5. Concevoir la solution
Que vous voyez-vous faire ?

Modèle Parnes-Osborn Creative Problem Solving

Étape 1. Identifier le souhait : *Que désirez-vous changer ?*
Étape 2. Explorer la situation : *Que se passe-t-il ?*
Étape 3. Définir le problème : *Que voulez-vous accomplir spécifiquement ?*
Étape 4. Générer des idées : *Quelles sont toutes les façons d'y arriver ?*
Étape 5. **Concevoir la solution** : *Que vous voyez-vous faire ?*
Étape 6. Préparer l'action : *À vos marques, prêt, partez !*

À partir de cette étape du coaching, le processus se concentre sur la préparation à l'action. Pour pouvoir réellement mettre en œuvre une idée, elle doit remplir certains critères, par exemple : peut-elle être réalisée dans un certain laps de temps ; est-ce qu'elle s'inscrit dans la stratégie globale ou la culture de l'organisation de votre client ?

Dans l'Étape 5 votre client va rassembler une grande quantité de critères qui s'appliquent à lui-même et à sa situation dans la phase de divergence, puis lors de la convergence il va choisir trois à cinq critères les plus importants qu'une idée doit remplir pour devenir une bonne solution réalisable.

~~~~~

Étude de cas

Dans le temps de divergence, Mary a rassemblé une liste de 12 indicateurs possibles pour que son idée marche. A la convergence, elle a choisi les critères les plus importants suivants :

- la future solution doit pouvoir se mettre en œuvre alors que je travaille au moins trois jours par semaine
- je dois pouvoir gagner de l'argent avec
- je veux pouvoir travailler avec des collègues
- elle doit être inspirante et me mettre au défi
- cela doit être un travail orienté résultat sans trop de politique
- elle doit pouvoir être réalisée en 3 à 6 mois.

Premièrement, les 3 à 5 idées ou regroupements de l'Étape 4 seront renforcés et améliorés, de façon à mieux remplir les critères choisis. Ensuite, ces idées renforcées seront testées : quelle idée remplit le mieux les critères ?

La matrice de Mary pour évaluer les thèmes et les idées d'après les critères sélectionnés ressemblait au tableau suivant, avec des ++, +, -, -- pour exprimer les résultats :

Critères	Idées		
	Thème 1: aider les familles à être en bonne santé	Thème 2: permettre aux individus d'expérimenter leur force	Thème 3: dessiner une cartographie pour les organisations
Travailler au moins 3 jours par semaine	+	++	+
Gagner de l'argent et être indépendante	+ (subventionnée?)	–	++
Travailler avec des collègues	–	–	++
Me met au défi et m'inspire	++	++	++
Travail orienté résultats	+	+	++ (comme consultante)
Être réalisée d'ici 3 à 6 mois	–	+	++

~~~~~

L'Étape 5 est découpée en trois parties :

1. Collecter les critères et les conditions que les idées doivent remplir pour réellement devenir une solution au problème (diverger), puis sélectionner les critères et les conditions les plus importants (converger).
2. Renforcer toutes les idées sélectionnées à l'Étape 4 de façon à les rapprocher des critères.
3. Tester ces idées renforcées sur la façon dont elles remplissent les critères, de façon à choisir la meilleure idée à mettre en œuvre. Cette meilleure idée deviendra alors la solution.

La question cœur de l'Étape 5 est la suivante : regarder ces idées et ces critères qu'elles doivent remplir, que vous voyez-vous faire ?

> **Résumé**
>
> Le démarrage de l'Étape 5 est constitué des 3 à 5 idées les plus attractives qui pourraient résoudre le problème.
> La fin de l'Étape 5 est la meilleure solution pour le problème, celle qui va permettre au client de réaliser son souhait et qui est une phrase commençant par : *Ce que je me vois faire*.
> La fin de l'Étape 5 est le démarrage de l'Étape 6, **Se préparer à l'action**.

Déroulé de la session

Cette session se découpe en 6 temps :
1. Retour sur les exercices (15-20 minutes)
2. Instaurer un climat créatif (5 minutes)
3. Diverger (25 minutes)
4. Converger (35 minutes)
5. Visualiser la nouvelle situation (20-30 minutes)
6. Préparer les exercices inter session pour l'Étape 6, **Se préparer à l'action** (5 minutes)

1ᵉʳ temps. Retour sur les exercices

Demandez à votre client les ajouts ou les améliorations des idées choisies qui pourraient être apparus dans son journal et pendant ses méditations, ou encore lors de ses conversations avec d'autres personnes ou suite à ses réflexions individuelles. S'il n'a pas écrit ces informations nouvelles, demandez-lui de le faire maintenant.

2ᵉ temps. Instaurer un climat créatif

Rappelez les principes de la divergence et de la convergence. Vous pouvez choisir d'expliquer à votre client que l'Étape 5 est découpée en trois phases :
1. Collecter et sélectionner les critères et les conditions pour évaluer les idées choisies : comment une idée devrait être, quelles qualités devrait-elle avoir ou que devrait-elle rendre possible pour être réellement une bonne idée ?
2. Renforcer les 3 à 5 idées les meilleures de façon à les rapprocher des critères : comment peuvent-elles être encore plus pratiques et concrètes ?
3. Tester les idées maintenant renforcées : à quel point ces idées répondent-elles aux critères sélectionnés ?

3ᵉ temps. Divergence sur les critères et les conditions

De façon à être capable de sélectionner les idées réalisables, retournons tout d'abord au souhait d'origine que votre client a choisi : « *Ne serait-ce pas formidable si... ?* »

Après avoir collecté les données autour de ce souhait, votre client a formulé une question qui doit être résolue de façon à réaliser son souhait, commençant par : *De quelles façons pourrais-je ?* Les idées qui ont été choisies dans l'Étape 4 devraient offrir une solution à ces deux questions. En d'autres termes, l'idée que votre client finira par mettre en œuvre devrait être une réponse à la question générale de l'Étape 1 comme à la question spécifique de l'Étape 3.

Consignes

Dans votre cahier, revenez à votre souhait ou but que vous avez choisi dans l'Étape 1 : Ne serait-ce pas formidable si ? *Ou* Je voudrais. *C'est le souhait que vous désirez réaliser. Lisez aussi la formulation de l'Étape 3 commençant par* De quelles *façons pourrais-je ? C'est le problème que vous voulez résoudre.*

Maintenant regardez les 3 à 5 meilleures idées que vous avez renforcées avec l'information rassemblée lors de vos exercices personnels. Quelles sont les idées que vous vous voyez mettre en œuvre et pourquoi ? Faites une liste de ces raisons.

À quoi d'autre doivent répondre ces idées, de façon à être réalisables ? Finissez les phrases suivantes pour vous aider à trouver des critères :

- *Est-ce que l'idée... ? (par exemple, peut être réalisée dans six mois)*
- *L'idée va-t-elle...? (par exemple, apporter 30 000 euros de profits dans l'année)*
- *L'idée doit... (par exemple, m'inspirer)*

Faites une longue liste de critères et essayez d'être le plus spécifique possible. Par exemple, s'il s'agit d'argent : combien d'euros par mois/année ; s'il est question de temps : combien de jours/semaines/mois/années ?

Vérifiez les critères suivants dans votre liste et ajoutez-en si besoin :

- *Quel est l'impact de cette idée sur votre souhait ?*
- *Que faut-il pour mettre en œuvre cette idée ?*
  - *temps (combien, quand, pour quand ?)*
  - *argent (combien, pour quand ?)*
  - *éducation ou formation (quoi, où suivre la formation, en combien de temps, quel budget ?)*
  - *matériel, personnel, espace (quoi, qui, combien, où ?)*
  - *approbation des supérieurs/des autres entités*
  - *rôles, procédures, lois ou normes qui s'appliquent ou qui doivent être adaptées*
- *Qu'est-ce que cela va apporter ?*
  - *en matière de joie, de plaisir, d'amusement, d'inspiration, d'énergie, de bien être, de santé*
  - *promotion, succès, appréciation*
  - *argent (combien, pour quand ?)*
- *Les gens qui sont impliqués dans l'idée et qui en bénéficieront et ou qui seront ennuyés par cette idée (qui, comment, pourquoi ?)*

- o qui sera en faveur de cette idée et pourquoi ?
- o qui sera enthousiaste ou sera contre cette idée et pourquoi ?
- Quels effets positifs cette idée pourrait-elle avoir ?
  - o sur vous
  - o sur les autres
- Quels effets négatifs cette idée pourrait-elle avoir ?
  - o sur vous
  - o sur les autres
- Comment quelqu'un d'autre regarderait cette idée (une personne que vous admirez ou que vous connaissez), que cette personne penserait-elle être important ?
- Imaginez-vous parler de votre idée à d'autres, comment se comporteraient-ils (dans leur non verbal), que pourriez-vous en déduire, que pourraient-ils dire et pourquoi ?
- Que se passerait-il si l'idée ne fonctionnait pas ou si quelque chose se passait mal ?
- Comment vos idées se comparent-elles les unes aux autres, à quoi faut-il faire attention ou à quoi faut-il penser ?
- À quels autres mesures ou critères de décision pouvez-vous penser pour évaluer ces idées ?

4ᵉ temps. Critères de convergence, renforcement et évaluation des idées

Consignes

Jetez un œil sur la liste des critères et choisissez les 3 à 5 les plus importants pour vous maintenant. Il est préférable de choisir 3 critères importants que 5 critères moins importants.

Peut-être que de nouvelles astuces pour renforcer vos idées viennent à votre esprit pendant que vous listez ces critères. Vous pouvez faire évoluer vos idées si vous le désirez, ou les changer plus radicalement, si cela les rend plus concrètes et réalisables.

Maintenant, évaluez vos 3 à 5 idées selon ces 3 à 5 critères.

Techniques d'évaluation des idées

1. Vous pouvez préparer une matrice et évaluer les idées pour chaque critère avec un code comme par exemple ++, +, −, et −− (voir l'étude de cas au début de l'Étape 5). Une autre façon d'évaluer est de donner des poids, des pourcentages ou des points sur une échelle de 10 ou de 100 selon le niveau auquel l'idée répond au critère. Faites attention à ne pas être trop précis; ces nombres sont des indicateurs, pas des vérités scientifiques !

2. Vous pouvez aussi choisir une approche plus intuitive : quelle est l'idée qui fonctionne le mieux selon les critères identifiés par votre client.

3. La cible « Innovation Sweet Spot » est une technique visuelle (Goldenberg et al, 2003). Placez vos idées dans un de ces trois cercles : le cercle extérieur est celui pour les idées très innovantes, qui sont en fait « trop loin »; le petit cercle au centre est pour les idées qui sont faciles à mettre en œuvre, mais pas assez nouvelles et inspirantes, elles sont « trop près ». La zone au milieu est celle des idées désirables : ici vous placez les idées qui sont réalisables et en même temps nouvelles et inspirantes.

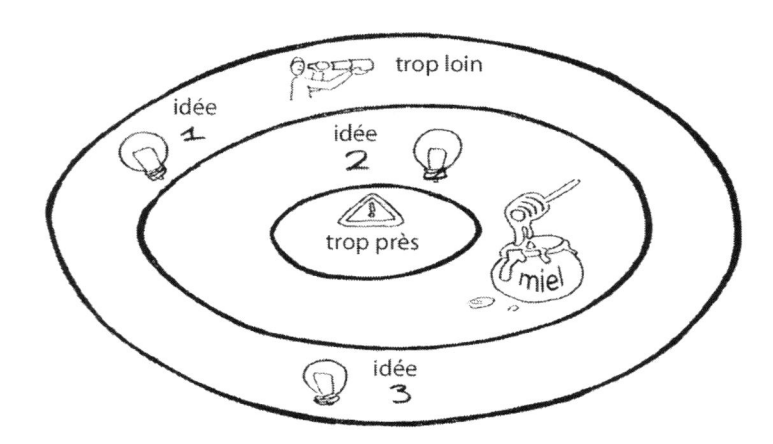

La cible « *Innovation Sweet Spot* »

Dans quelle mesure le résultat de la technique d'évaluation est une surprise pour vous ? Que signifie le résultat ?

Vérifiez :

- *quelle idée répond à votre souhait/but initial*
- *quelle idée vous donne de l'énergie*
- *quelle idée est réellement motivante et enthousiasmante*
- *qu'avez-vous réellement envie de faire*
- *que vous voyez-vous faire.*

À présent synthétisez votre solution en une phrase, en commençant par « Ce que je me vois faire, c'est… ». Cette phrase est la base de votre plan d'action que vous allez construire dans la sixième et dernière étape du Creative Problem Solving.

Si votre client a choisi une seule idée à l'Étape 4, vous pouvez, au lieu des techniques d'évaluation décrites ci-dessus, appliquer une technique appelée PPCO (Plus, Potentiels, Craintes, Options). Le PPCO peut aussi être appliqué à l'idée qui est ressortie de la technique d'évaluation comme étant la meilleure. Vous pouvez appliquer le PPCO à plus d'une idée, mais il est recommandé de l'utiliser comme une technique de renforcement, plutôt que comme une technique d'évaluation, car alors cela devient très complexe.

Renforcer une idée avec les Plus, les Potentiels, les Craintes et les Options (PPCO)

Évaluez l'idée en commençant par une rapide divergence :

1. Quels sont les plus, les points forts, de cette idée (Plus) ?
2. À quels bénéfices et points positifs cette idée pourrait-elle mener (Potentiels) ?
3. Quelles craintes avez-vous au sujet de cette idée ? Faites une longue liste (Craintes)

Convergez maintenant sur ces craintes : quelles sont les plus importantes ? Changez-les en questions *« Comment faire pour… ? »*

Puis divergez à nouveau pour trouver au moins 5 réponses pour chacune des questions *« comment faire pour… ? »* les plus importantes : de quelles façons pourriez-vous contrer ces craintes ou obstacles et les empêcher d'arriver (Options) ?

Jetez un œil à votre liste de plus, de potentiels, de craintes et d'options et formulez votre solution renforcée en une phrase commençant par : *Ce que je me vois faire, c'est...*

5ᵉ temps. Visualiser la nouvelle situation (20-30 minutes)

Fantaisie guidée

Accompagnez votre client au travers d'une fantaisie guidée ou visualisation (voir annexe 2) au cours de laquelle l'idée devient réalité et qui lui permettra d'imaginer dans sa tête avec le plus de détails sa nouvelle réalité.

Puis débriefez la session dans son ensemble :

- *Comment vous sentez-vous ?*
- *Que vous êtes-vous vu faire au cours de la visualisation ? Que s'est-il passé ? Qui était présent ?*
- *Quelles sont les nouvelles compréhensions que vous retenez de cette session ?*
- *Qu'allez-vous faire à présent ?*

~~~~~

Étude de cas

Les solutions spécifiques de Mary, par ordre de préférence, étaient :

1. Lancer ma propre agence de conseil stratégique en marketing : M&Co
2. Offrir des solutions RH aux organisations, fondées sur le changement de valeurs culturelles, avec une société de conseil existante
3. Devenir une consultante en stratégie auprès d'une société de conseil de taille moyenne, dans laquelle je puisse créer mon propre département
4. Démarrer une pratique de coaching et de médiation

Les solutions 1 à 3 ont des similarités, la différence se faisant sur la sécurité financière. Pour Mary, toutes ces solutions se regroupent en une phrase : « *Ce que je me vois faire, c'est de démarrer une société de conseil en stratégie RH* ».

~~~~~

Discussion : la valeur ajoutée d'une large exploration
Mary n'aurait-elle pas pu trouver ces solutions toute seule ? Toutes ces étapes du Creative Problem Solving étaient-elles réellement nécessaires ? Oui, et oui !

Certaines solutions semblent plutôt évidentes. Beaucoup de personnes pensent à créer leur propre business quand elles ne sont plus heureuses dans leur travail. Le bénéfice de l'exploration avec le Creative Problem Solving est l'élargissement : vous traversez des frontières que (inconsciemment) vous appliquez à la façon dont vous pensez ; vous cassez vos schémas de pensée et explorez des alternatives que vous n'auriez autrement pas envisagées.

Cela ne vous apporte pas seulement des perspectives inattendues, mais aussi la satisfaction de sentir à la fin qu' « ayant exploré toutes les possibilités, c'est ça que vous décidez ».

Vous êtes allé loin en vous et votre décision est mûrement réfléchie. Par ailleurs, vous avez rassemblé des possibilités que vous ne mettrez pas en œuvre immédiatement, mais peut être dans quelques années.

Mary a découvert qu'elle « *voulait aider les gens à être heureux et ce dans différents contextes* ». Elle travaillera différemment maintenant qu'elle est consciente de sa motivation profonde.

~~~~~

Étude de cas
Évaluation de la recherche de solution grâce au coaching avec le CPS
Aujourd'hui, trois ans après son coaching, Mary s'exprime en ces termes :

Le grand avantage pour moi a été que j'ai osé faire des choix. La session où tous mes sens ont été stimulés a été très inspirante pour moi, cela m'a réellement apporté des associations différentes, j'ai trouvé cela très précieux ! Et en laissant tomber des alternatives, vous trouvez une grande clarté. Les priorités deviennent plus claires. Ma tête ne tournait plus en rond avec des choses que « je pourrais faire ». A la place, je me suis focalisée sur les actions, « ce que j'allais faire ». De plus, les choses que j'ai imaginées à ce moment-là me donnent des pistes pour mes actions aujourd'hui. En d'autres termes, les choix que j'ai faits ont été influencés par le contexte, mais dans une grande mesure les problématiques qui sont ressorties sont tellement fondamentales qu'elles m'aident encore maintenant dans mes choix et décisions futures.

~~~~~

Demandez à votre client comment il a vécu cette session. Comment cela a été pour lui de voir cette nouvelle situation ? Qu'est-ce qu'il a appris à ce sujet et sur lui ?

6ᵉ temps. Préparer les exercices personnels pour l'Étape 6, Se préparer à l'action

Tous les exercices personnels sont maintenant tournés vers la mise en œuvre des solutions.

1. Tenir un journal
Écrivez vos pages quotidiennes en commençant par le but que vous souhaitez atteindre et la solution que vous avez choisie. Explorez la solution sous toutes les coutures et voyez ce qui vous vient. Continuez à utiliser l'écriture automatique. Ce n'est pas un problème si le fait d'écrire rapidement vous mène sur des chemins différents de votre souhait ou de votre solution.

2. Rester tranquille ou méditer
Première semaine :
Quand vous vous asseyez, prenez une photo virtuelle de votre visualisation et voyez quelles nouvelles informations s'ajoutent simplement en laissant votre esprit vagabonder.

Deuxième semaine :
Dessinez votre situation désirée de la façon la plus concrète, colorée, vivante, possible. En pensée, vivez votre nouvelle situation et regardez à quoi ressemble votre nouvelle vie, maintenant que vous avez atteint votre but. Soyez attentif aux émotions que vous ressentez dans cette nouvelle situation.

3. Assertion
Au moins trois fois par jour, répétez-vous à vous-même une phrase que vous formulez au présent, comme si votre nouvelle situation était déjà une réalité, et qui décrit votre but et votre solution (par exemple : « j'ai une agence de conseil géniale qui aide les organisations à mieux fonctionner », ou « j'aide les gens à être plus heureux »).

Répétez cette phrase le matin au réveil, en rentrant chez vous après le travail, et le soir avant de vous coucher. Écrivez-la et affichez votre phrase quelque part où vous pouvez la voir régulièrement (le frigo, votre voiture, votre ordinateur...).

Au début, cela peut paraître un peu bizarre de prononcer une phrase au présent qui « n'est pas vraie ». Mais les pensées ont un fort pouvoir et en affirmant une réalité, vous la créez. Lorsque vous pensez que cela peut être vrai, vous commencez à penser et à vous comporter d'une façon qui rend la situation réelle.

4. Devenir sensible à la synchronicité[14]
À partir de maintenant, faites attention à chaque coïncidence apparente qui vous arrive, aussi petite soit-elle, qui vous aide dans le processus. Cela peut être des livres, magazines, films, personnes, qui attirent votre attention, qui touchent des sujets qui sont pertinents pour vous maintenant. Cela peut être des mots, des histoires racontées par des amis ou des collègues, ou une personne que vous rencontrez ; tout ce qui fait « sens » pour vous aujourd'hui.

Faites confiance à votre intuition : croyez en la réalisation de votre souhait, quel que soit le moment où il se réalisera. Mettez les questions et les doutes face à votre guide intérieur

---

[14] Jung, C., *Man and His Symbols*, Turtleback Books, 1968

et attendez les réponses. Les réponses peuvent se présenter sous différentes formes : des rêves, des pensées qui viennent à votre esprit, des idées, des rencontres. Ayez de la gratitude pour chacune des réponses et regardez-les comme des fils qui tissent la tapisserie de votre vie désirée.

Se préparer à l'action

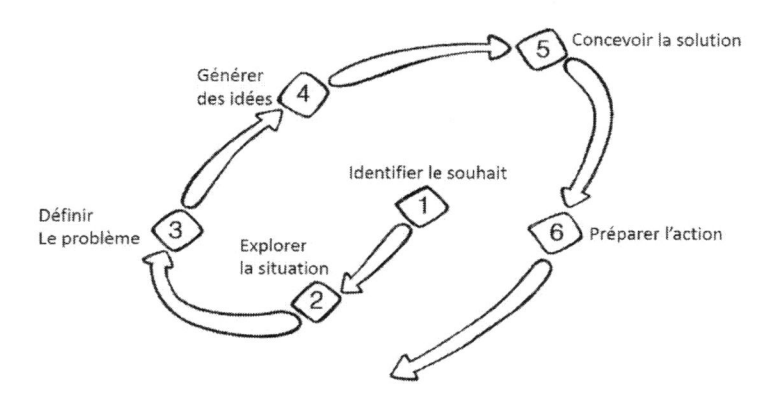

Étape 6. Préparer l'action
À vos marques, prêt, partez !

Modèle Parnes-Osborn Creative Problem Solving

Étape 1. Identifier le souhait : *Que désirez-vous changer ?*
Étape 2. Explorer la situation : *Que se passe-t-il ?*
Étape 3. Définir le problème : *Que voulez-vous accomplir spécifiquement ?*
Étape 4. Générer des idées : *Quelles sont toutes les façons d'y arriver ?*
Étape 5. Concevoir la solution : *Que vous voyez-vous faire ?*
Étape 6. **Préparer l'action** : *À vos marques, prêt, partez !*

C'est la dernière étape du processus de coaching. Dans cette étape, vous préparez la mise en œuvre de la solution que votre client a choisie pour réaliser son souhait ou but.
Votre client va explorer et envisager toutes les actions pratiques et les activités qu'il va devoir mettre en œuvre pour réaliser sa solution. Il va utiliser sa créativité dans l'Étape 6 pour découvrir et mettre au jour les facteurs aidants et inhibants autour de sa solution.

Votre client va s'engager dans un court brainstorming afin de chercher des alternatives pour passer les obstacles les plus importants dans la mise en œuvre. Les aides, les alternatives, et les activités seront synthétisées sous forme de plan d'action, avec les grands jalons et les ressources nécessaires en matière de personnes.

Dans l'Étape 6, la divergence et la convergence sont utilisées pour :

1. Identifier les activités, les aides, les opportunités et possibilités qui vont aider à la mise en œuvre de la solution
2. Identifier les inhibiteurs potentiels, ou obstacles autour de cette mise en œuvre,
3. Générer des réponses aux inhibiteurs ou obstacles les plus importants

---

Résumé

Le début de l'Étape 6 est la meilleure solution au problème, celle qui permet au souhait de devenir réalité. Cette solution est formulée sous la forme d'une phrase commençant par : « *Ce que je me vois faire, c'est...* »

La fin de l'Étape 6 est un plan d'action avec des résultats concrets et des jalons, des sources de soutien potentielles et des réponses aux obstacles identifiés.

Déroulé de la session

Cette session se découpe en 6 temps :
1. Retour sur les exercices (10-15 minutes)
2. Instaurer un climat créatif (5 minutes)
3. Diverger (30 minutes)
4. Converger (40 minutes)
5. Créer le plan d'action (10-20 minutes)
6. Mettre en place le télé-coaching (5 minutes)

1ᵉʳ temps. Retour sur les exercices

Discutez du processus d'écriture du journal, de méditation, d'assertion et de repérage de la synchronicité avec des questions comme :
- *Que s'est-il passé pour vous dans les dernières semaines ?*
- *Qu'avez-vous expérimenté ? Comment cela a-t-il été pour vous ?*
- *Qu'est-ce qui a été aidant ? Qu'est-ce qui marche ?*
- *Comment vous sentez-vous par rapport à votre solution ? Par rapport à sa faisabilité concrète ?*
- *Quelles nouvelles informations avez-vous glanées qui pourraient aider à la mise en œuvre de votre solution ?*
- *Des obstacles sont-ils apparus entre les sessions ? À quelles parades avez-vous pensé ?*
- *Êtes-vous prêt(e) à mettre en œuvre votre solution pour qu'elle devienne réalité ?*

2ᵉ temps. Instaurer un climat créatif

Une courte relaxation suivie d'une visualisation permettra de mettre en place la pensée créative. Voici quelques consignes qui peuvent vous aider.

Fermez les yeux, installez-vous confortablement dans votre chaise, prenez quelques profondes inspirations et relâchez les différentes parties de votre corps : bras, mains, épaules, cou, joues, etc.

Imaginez le résultat idéal : la solution marche parfaitement, et c'est un succès total. Quelles situations vous viennent à l'esprit ? À quoi ressemble le succès ? Comment le ressentez-vous ? Qui est impliqué ? Qu'êtes-vous en train de faire ? Jouissez de ce que vous avez accompli.

Une fois que vous avez bien profité de la vision de votre succès pendant quelques minutes, prenez quelques profondes inspirations, et lorsque vous êtes prêt(e), ouvrez doucement les yeux.

Nous allons maintenant rendre ce succès possible en concevant la mise en œuvre de votre solution.

3ᵉ temps. Diverger

Dans cette phase, vous encouragerez votre client à explorer une variété de facteurs, internes ou externes, qui pourraient aider ou bloquer la mise en œuvre de sa solution.
Il existe différentes techniques qui permettent une exploration des ingrédients d'un plan d'action et aident à imaginer comment le rendre possible. Vous avez utilisé une de ces techniques lors de l'Étape 2. C'est un inventaire qui s'appuie sur la technique des questions CQQCOQPP : Combien, Qui, Quand, Comment, Où, Quoi, Pourquoi, Pour quoi. Ci-dessous, vous trouverez une liste de questions similaires stimulant la divergence pour l'Étape 6.

Matériel :
    - Cahier
    - Post-its (rectangulaires)
    - Stylos

Consignes

Concentrez-vous sur la solution que vous avez choisie et la nouvelle situation que vous souhaitez créer. Prenez une nouvelle page de votre cahier et écrivez cette phrase tout en haut : Ce que je me vois faire, c'est…

1. Diverger sur les actions
Faites une longue liste d'actions et d'activités qui vous permettront de vous rapprocher d'une solution réalisée. Écrivez ces actions sur des post-its, une action par post-it. N'essayez pas forcément de penser les actions dans un ordre particulier pour le moment ; vous les organiserez plus tard. Assurez-vous que les actions sont concrètes, et que chacune commence par un verbe.

2. Diverger sur les « aides »

Explorez tous les facteurs (personnes, situations, temps, argent, énergie et autres ressources) qui pourraient aider à la mise en œuvre de la solution. Faites faire à votre client une longue liste de ces ressources dans son cahier, à l'aide des questions ci-dessous :

- *Qui peut vous aider à mettre en œuvre cette solution ? Qui est impliqué et accepte de contribuer ? Qui est en faveur de cette solution et pourquoi ? Qui sont vos alliés ? Rappelez-vous que **vous** êtes une aide essentielle !*
- *De qui avez-vous besoin d'obtenir l'approbation ? Qui devez-vous persuader ?*
- *Qu'est-ce qui dans ce qui vous caractérise, dans vos savoirs et compétences, peut vous aider à trouver ces ressources ?*
- *Qu'est-ce qui fera que cette solution va se réaliser ?*
- *Quand la solution va-t-elle être mise en œuvre ? Quels sont les grands jalons à prévoir ? Quelle est la période la plus favorable pour la mise en œuvre de votre solution ?*
- *Où trouver de l'argent ou d'autres formes d'aide ? Faites une liste des ressources.*
- *Où la solution va-t-elle être mise en œuvre ?*
- *Pourquoi cette solution est-elle bonne ? En quoi résout-elle le problème initial ?*
- *Pourquoi cela va-t-il fonctionner ?*
- *Comment va se passer la réalisation de cette solution ? Comment pourriez-vous tester votre solution à petite échelle ?*
- *Comment saurez-vous que cela a marché ?*
- *Combien cela va-t-il coûter ? Comment allez-vous gagner de l'argent ?*

3. Diverger sur les obstacles et leurs parades

Avant de passer aux obstacles, invitez votre client à changer un instant de perspective. Un court exercice de Brain Gym peut aider, ou un rapide étirement debout. Cette pause est rafraîchissante et énergisante.

Vous pouvez adapter toutes les questions à propos des sources d'assistance (ci-dessus) pour explorer ce qui pourrait faire obstacle à la réussite de la mise en œuvre de la solution. Il est important d'être exhaustif dans cette phase car cela permettra à votre client d'anticiper les obstacles et de les surmonter. Voici une liste de questions supplémentaires. Il est plus cohérent psychologiquement de couvrir tous les obstacles d'abord, puis de passer à un état d'esprit plus positif et de chercher les parades à chacun de ces obstacles.

Pour capturer les idées de façon pragmatique, on peut diviser la page en deux colonnes, avec les obstacles à gauche et suffisamment de place à droite pour écrire les parades.

Obstacles	Parades
Qui pourrait s'opposer à cette solution et pourquoi ? Qui pourrait ne pas l'accepter et peut être même la faire échouer ? N'oubliez pas que vous pouvez être votre propre obstacle !	*Comment rassurer ou persuader ces personnes et vous-même ?* *Que pourriez-vous dire ou faire qui pourrait réduire les freins ?*
Qu'est-ce qui pourrait se mettre en travers de la réussite ? Qu'est-ce qui pourrait mal se passer ? Qu'est-ce qui pourrait rater ?	*Comment pourriez-vous empêcher cela d'arriver ?*
Quand des difficultés pourraient apparaître ? Quels événements fâcheux pourraient arriver ?	*Comment pourriez-vous empêcher des événements d'arriver ou comment pourriez-vous les influencer pour qu'ils tournent à votre avantage ?*
Où sont les ornières potentielles ?	*Comment pourriez-vous anticiper, éliminer, changer ces ornières ?*
Pourquoi votre plan d'action pourrait-il échouer ?	*Explorez toutes les causes potentielles d'échec et cherchez des moyens de les neutraliser ou de les tourner à votre avantage.*
Comment des problèmes pourraient-ils surgir ?	*Assurez-vous que vous avez bien pensé à tous les détails psychologiques et pratiques du déroulement de votre solution.*

À combien s'élèveraient les pertes si vous échouiez ?	Décidez si vous êtes prêts et en mesure de prendre ce risque financier, et sinon, anticipez comment vous pourriez amoindrir les conséquences, ou concevez un plan B.

4ᵉ temps. Converger

La convergence dans cette étape consiste à choisir tous les éléments de la divergence qui vont aider à la mise en œuvre d'une solution robuste.

Consignes

Relisez toutes les actions, les aides et les parades aux obstacles et avec un crayon de couleur soulignez dix à quinze des éléments les plus importants.

Sur des post-its, écrivez chaque élément souligné afin de formuler une action spécifique, avec un verbe d'action et un nom (une action par post-it). Vérifiez que chaque action contribue à la mise en œuvre réussie de votre solution.

5ᵉ temps. Créer le plan d'action

Cette phase va aider votre client à organiser ses actions dans le temps, avec des dates, des responsables, et des personnes à impliquer ou tenir au courant.

Consignes

Sélectionnez d'abord les actions à mettre en place dans les prochaines 24 heures. Ces actions peuvent être très simples, comme dire à quelqu'un que vous avez besoin de son aide, ou passer un coup de fil, ou envoyer un mail, ce afin de démarrer la mise en œuvre. En faisant cela, vous vous montrez à vous-même que vous êtes impliqué dans la réussite de vos efforts. Mettez ces post-its à un endroit où vous pourrez les consulter immédiatement après cette session.

Puis utilisez les crayons de couleur pour identifier les actions qui doivent être mises en place rapidement, à moyen terme et à long terme, par exemple :

1. *rouge pour le court terme (dans la semaine)*
2. *vert pour le moyen terme (mois)*
3. *bleu pour le long terme (mois ou années)*

Sur une page blanche, dessinez un tableau à quatre colonnes avec les titres suivants : actions concrètes, pour quand ?, par qui ? Qui impliquer ou avec qui vérifier ?

Mettez maintenant les actions dans la colonne actions concrètes, en commençant par la première à mettre en œuvre. Vérifiez que le séquencement est réaliste. Si une action manque, écrivez-la sur un post-it et mettez-la dans la colonne.

∼∼∼∼∼

Étude de cas

Le plan d'action de Mary

Fonder une agence de conseil en solutions stratégiques RH

Actions concrètes	Pour quand ?	Par qui ?	Qui impliquer ou avec qui vérifier ?
Communiquer mon plan d'action à mon compagnon	demain	moi	
Recherches sur internet	15 novembre	moi	
Interviewer des pairs et des clients potentiels pour faire une analyse des besoins (SWOT)	15 décembre	moi	Pairs Clients potentiels

Plan stratégique	31 décembre	moi	compagnon
Finir mon travail actuel	1 janvier	moi	
Aménager le bureau	15 janvier	compagnon	moi
Premier client/rendez-vous	1 février	moi	

Mary: « J'ai trouvé que c'était une étape merveilleuse dans le processus. Maintenant, le but recherché devient concret. Il est divisé en petites actions réalisables, et devient plus facile. Il sera difficile de me décevoir ».

~~~~~

Compagnonnage : soutien pour le plan d'action

Vous pouvez demander à votre client de penser à une personne qui soutient la solution et de le/la contacter immédiatement à l'issue de la session pour obtenir une aide régulière dans la mise en œuvre. Cette personne est une sorte de « compagnon », quelqu'un qui connaît les actions prévues et qui désire vous encourager et vérifier les avancées.

6e temps. S'organiser pour le coaching à distance

Votre client va maintenant mettre en œuvre son plan d'action. Le temps est venu de lui donner des conseils sur le suivi de son cheminement. Voici quelques astuces.

Consignes

- Regardez votre plan d'action
- Identifiez les actions qui vous donnent de l'énergie
- Notez quelles sont les actions qui vous prennent de l'énergie et vérifiez qu'elles sont toujours réalistes et faisables

S'engager sur le plan d'action
Suggérez à votre client de garder son plan d'action à portée de la main afin qu'il puisse s'y référer tous les jours et ainsi suivre ses progrès. Il peut aussi être bénéfique qu'il se souvienne du résultat souhaité et de ce qui lui donne de l'énergie.

Prenez un moment et fermez les yeux. Pensez à votre plan d'action et engagez-vous totalement dans la mise en œuvre de ce plan. Faites-vous une promesse : « je vais faire de mon souhait une réalité en mettant en œuvre ces actions. Ce plan va m'aider à atteindre mon but ». Remerciez-vous pour le temps que vous avez investi dans ce processus et exprimez votre gratitude pour les apprentissages et les progrès que vous avez faits. Ouvrez vos yeux.

Travail de suivi pour le client, à utiliser seul ou en coaching à distance
Il est important de garder une énergie positive, de ne pas perdre de vue le but désiré, de garder trace des progrès obtenus et des pas en arrière, et de trouver des parades à ces reculs.

1. Tenir un journal
Continuez à tenir votre journal chaque jour tout au long de la mise en œuvre. Le cheminement vers la découverte de votre créativité continue. Relisez vos notes chaque semaine et voyez si de nouveaux schémas ou apprentissages émergent. Vos notes peuvent aussi avoir des implications concrètes.

2. Rester tranquille ou méditer
Chaque jour, prenez un moment pour rester clame et éviter les interruptions. Respirez profondément, profitez du calme et laissez les pensées ralentir. La méditation peut être rafraîchissante et inspirante. Mettez-vous dans une position confortable et ralentissez votre respiration, inspirez de plus en plus profondément avec votre ventre, relaxez-vous et laissez votre esprit se concentrer doucement sur votre respiration. Imaginez votre solution et comment vous vous sentirez une fois qu'elle sera réalisée. Quand vous êtes prêt, et si vous le souhaitez, écrivez les intuitions ou images ou mots dont vous voulez vous souvenir qui aideront votre rêve initial à devenir réalité.

3. Phrases affirmatives

Ces phrases feront état de vos progrès et succès.
Écrivez-les et affichez-les là où vous pouvez les voir le matin au réveil et le soir au coucher. Répétez-vous ces phrases régulièrement.

4. Impliquer les autres et continuer à les informer du plan d'action et de sa progression

Assurez-vous que vos amis proches et votre famille sont au courant de votre plan d'action et demandez-leur de vous soutenir moralement ou concrètement, en se centrant sur les progrès positifs et en vous aidant quand vous êtes bloqué.

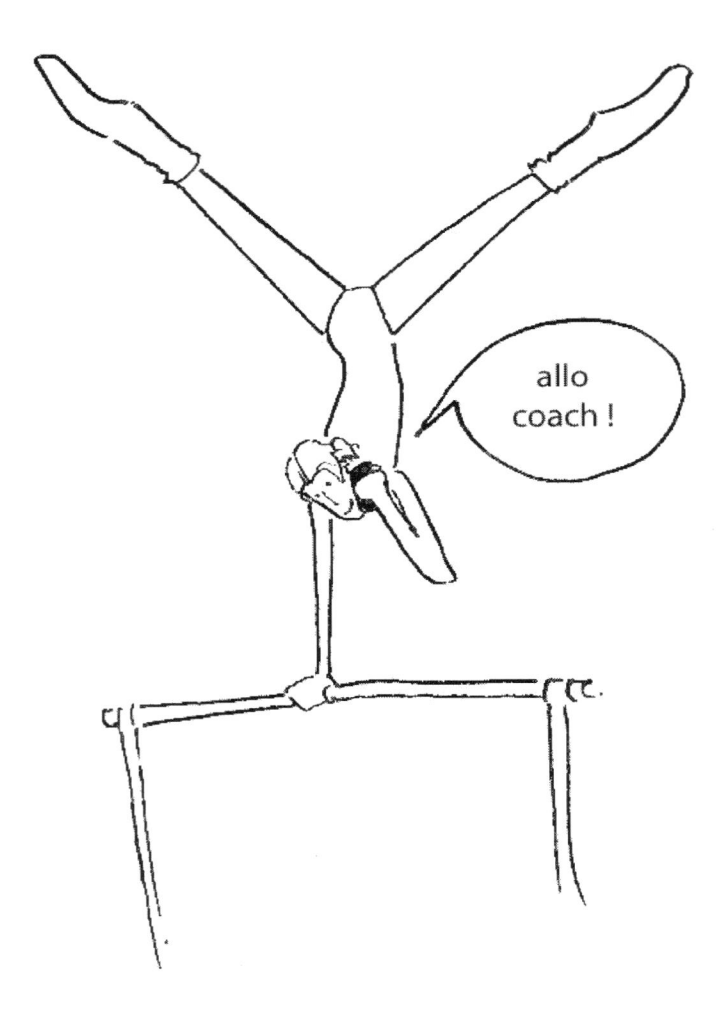

Coaching à distance

Suivi à distance
Suivi des actions et des apprentissages

Le suivi du coaching par mail ou téléphone est une façon efficace d'aider votre client à continuer d'utiliser la pensée créative et positive tout au long du chemin de son rêve à la réalité.

Il existe différentes façons de réaliser cet accompagnement. Nous vous recommandons de prendre rendez-vous une semaine après la fin du coaching en face à face, puis deux semaines plus tard, puis un mois après, ou à tout moment qui paraît confortable.

Voici quelques sujets que vous pouvez aborder.

1. Parlez du processus :
   - le niveau d'énergie global, l'implication dans son plan d'action
   - réactions et feedbacks des autres personnes au sujet de ces actions
   - les effets et contre effets des actions sur le client, comment se sent-il avec celles-ci ?

2. Parlez des résultats :
   - résultat du plan d'action, ou
   - lorsque vous travaillez à une autre étape, parlez des progrès et du passage à l'étape suivante

3. Cherchez les parades aux pas en arrière et aux difficultés :
   - mini-brainstorms : quand une difficulté arrive, demandez à votre client de formuler une question Comment pourrais-je ?, et d'y répondre en commençant par diverger sur les possibilités, puis converger sur les parades les plus aidantes et les plus importantes
   - si le pas en arrière remet sérieusement en question le plan d'action, incitez le client à laisser incuber les alternatives et aussi revisiter ses blocages profonds

- invitez-le à s'intéresser aux problèmes d'un point de vue différent
- incorporez de nouvelles informations dans la situation désirée et dans le plan d'action.

TROISIEME PARTIE. Techniques avancées pour amplifier la conscience

Cette partie s'adresse aux coachs ayant de bonnes bases en psychologie.

Introduction

Gagner une conscience accrue des motivations et les émotions qui influent sur le comportement est un des résultats importants du coaching professionnel ou de la psychothérapie. Plus nous exerçons notre influence de façon consciente sur nos vies, mieux nous pouvons choisir de vivre les pensées et les émotions qui nous rendent heureux.

Comme stratégie d'adaptation au quotidien, nous réprimons et nous oublions les expériences déplaisantes et les traumatismes. Pourtant, l'information est bel et bien stockée dans notre cerveau et depuis l'inconscient elle influence notre comportement et les choix que nous faisons. C'est pourquoi il est important de découvrir les motivations inconscientes ou les pulsions qui peuvent influencer certaines attitudes que nous voudrions changer, ou que nous voudrions développer.

Dans cette partie du livre, nous vous offrons quelques techniques intégratives qui peuvent aider à relâcher les blocages mentaux ou émotionnels en accroissant la conscience des clients des motivations et croyances qui ont été créées à un très jeune âge (préverbal) ou qui sont devenues inconscientes avec le temps.

Les termes « techniques intégratives » proviennent d'approches thérapeutiques qui ont pour but d'intégrer les différentes parties de la personnalité afin que l'individu puisse gagner ou regagner une sensation de sa complétude. Ces techniques sont des variations de celles utilisées dans les travaux sur l'enfant intérieur, du dialogue intérieur, de la thérapie par régression et de la psychothérapie transpersonnelle. Nous les avons adaptées pour les appliquer dans un processus de coaching orienté solutions.

Les techniques intégratives partagent certains principes des techniques de pensée créative dont nous avons déjà parlé. L'information issue de l'inconscient se présente souvent sous

forme d'images et de symboles fugitifs, pas toujours avec des mots. Par conséquent, il est important de se souvenir des aspects suivants :
- créer une atmosphère calme, silencieuse, sans pression de temps
- inviter le client à s'installer confortablement et de façon détendue dans une chaise ou un canapé
- rappeler au client à nouveau de différer son jugement et d'être ouvert aux possibilités : tout est bon
- proposer encore une fois une attitude « *Oui, et...* ». Avec ces techniques il est très important de prendre en compte la première impression qui émerge, quelle que soit sa nature, soit sensorielle (quelque chose que vous voyez, sentez, entendez ou ressentez), soit abstraite (comme une notion, un concept, une intuition)

Puisque ce livre s'adresse à des professionnels qui sont expérimentés en coaching, nous présupposons que vous avez de l'empathie et que vous avez un état d'esprit d'ouverture et d'accueil inconditionnels pour votre client. En d'appliquant ces techniques avancées, nous insistons sur le fait que cet accueil est primordial, car les clients ont besoin de se sentir totalement en sécurité avec vous pour pouvoir parler de leurs difficultés ou d'événements traumatiques.

Diagnostics pour les blocages émotionnels ou mentaux

Vous pouvez identifier des blocages si vos clients ne peuvent ou ne veulent pas diverger, s'ils ne réussissent pas à faire leurs exercices personnels ou s'ils résistent voire nient le besoin de changement. Un autre signe de blocage peut être un blanc : votre client peut avoir l'air surpris ou dérouté par vos questions et en cherchant une réponse n'arriver qu'à répondre « *je ne sais vraiment pas !* »

D'autre part, des sensations déplaisantes dans le corps sont des signes de blocages émotionnels. Les clients qui sont très cérébraux peuvent être particulièrement enclins à développer des réactions physiques. Afin de le vérifier, vous pouvez à l'occasion ou lorsque votre intuition vous souffle de le faire, demander « *Comment vous sentez-vous au niveau de votre corps en ce moment ?* » Les clients pourraient avoir l'estomac noué, mal à la gorge, ou à la poitrine, des douleurs dans les épaules ou le cou ou toutes autres sensations déplaisantes.

Les pleurs peuvent être une façon de lâcher les blocages ou le signe qu'une zone émotionnelle sensible est touchée.
Le schéma suivant montre les interactions entre les différents blocages.

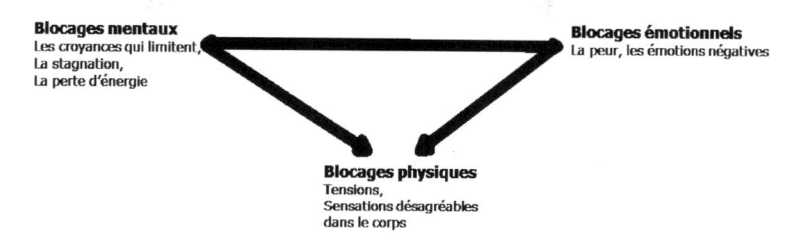

Blocages mentaux
Les croyances qui limitent,
La stagnation,
La perte d'énergie

Blocages émotionnels
La peur, les émotions négatives

Blocages physiques
Tensions,
Sensations désagréables
dans le corps

Interactions entre les blocages

Libération des blocages

Les pleurs, les sanglots, les yeux mouillés, les yeux fermés ou des mouvements de tête peuvent exprimer un relâchement des tensions ; ces expressions sont souvent suivies d'un profond soupir cathartique. Le client peut rosir ou rougir, et peut se sentir fatigué mais aussi satisfait ; il est souvent touché par l'expérience en elle-même.

Techniques avancées pour libérer les blocages

- Explorer le futur
- Laisser le corps parler
- Parler à son enfant intérieur
- Libérer les chaînes : escalader l'échelle des croyances limitantes
- Images parlantes
- Scénario catastrophe
- Dessiner les sources d'assistance et les croyances limitantes
- Choisir des alternatives en les ressentant

Explorer le futur

Cette technique est indiquée lorsque votre client semble avoir des problèmes à agir ou à choisir entre différentes possibilités et attitudes. Elle s'inspire de la méthode du « Dialogue intérieur » issue de la psychologie jungienne. La forme la plus aboutie de ce travail s'appelle : « L'intelligence de Soi © »[15].

Proposez à votre client d'imaginer différentes versions du futur avec le plus de détails possibles et notez les émotions et sentiments qui viennent. Cette exploration ouvre à la conscience des pensées et des sentiments qui sont reliés à des situations variées, mais qui n'étaient pas encore connues ou identifiées. La prise de conscience donne de la clarté au chemin à emprunter et un désir d'agir, car les conséquences attendues sur chaque chemin deviennent claires.

Consignes

1. Installez deux chaises différentes de celle où s'assied votre client et invitez celui-ci à en choisir une
2. *Détendez-vous dans votre chaise et fermez les yeux. Maintenant imaginez que vous choisissez l'option A, et l'option A se réalise dans votre vie. De quoi a l'air la situation ? Que voyez-vous se passer ? Décrivez-moi ce qui se passe avec le plus de détails possibles : ce que vous voyez, ce que vous entendez, sentez, touchez, goûtez ?*
3. *Comment vous sentez-vous maintenant ? Où cela se passe-t-il dans votre corps ? Qu'est-ce qui vous fait vous sentir ainsi ?*
4. *À quoi pensez-vous ?*
5. *Maintenant ouvrez les yeux et asseyez-vous sur votre chaise habituelle. Comment vous sentez-vous ?*
6. *Asseyez-vous sur la troisième chaise, détendez-vous, prenez une grande inspiration. Fermez les yeux et imaginez que l'option B se réalise dans votre vie. De quoi a l'air la situation ? Que voyez-vous se passer ? Décrivez-moi ce qui se passe avec le plus de détails possibles : ce que vous voyez, ce que vous entendez, sentez, touchez, goûtez ?*

---

[15] Cailloux, G. et Cauvin, P., *L'intelligence de Soi... et de l'autre*, InterEdition 2009

Troisième partie. Techniques avancées pour amplifier la conscience

7. *Comment vous sentez-vous maintenant ? Où cela se passe-t-il dans votre corps ? Qu'est-ce qui vous fait vous sentir ainsi ?*
8. *À quoi pensez-vous ?*
9. *Revenez à votre chaise habituelle. Comment vous sentez-vous ?*

En revenant à l'instant présent, parlez avec votre client de ses ressentis dans les deux options et des conclusions qu'il tire de cet exercice.

Laissez parler votre corps

Lorsque votre client fait face à un blocage émotionnel ou à un traumatisme, cela peut se traduire par une tension dans le corps, par des sensations inconfortables ou déplaisantes, ou encore des émotions négatives fortes telles que la tristesse, la colère, le désespoir ou le dégoût. Vous pouvez mettre au jour le blocage ou le traumatisme en invitant le corps ou l'émotion à s'exprimer par des mots.

Consignes

1. *Comment votre corps se sent il en ce moment ?* (le client décrit les sensations ou les émotions)
2. *Voyons ce que ce ressenti veut nous dire*
3. *Je vous propose de vous asseoir le dos confortablement appuyé sur le dossier, de vous détendre et de fermer les yeux*
4. *Dirigez votre attention sur la zone de votre corps qui se sent la plus bloquée ou inconfortable*
5. *Laissez cette sensation d'inconfort devenir de plus en plus forte*
6. *Que voyez-vous ou entendez-vous ?* (quand votre client décrit ses impressions, explorez-les)
7. *Imaginez que cette émotion, cette sensation peut parler. Que vous dit-elle ?* (utilisez des questions ouvertes pour l'exploration ; il y a souvent des relâchements émotionnels par les pleurs ou les sanglots. La zone du corps se détend).
8. *Répétez ce déroulé pour les autres parties du corps jusqu'à ce que tout le corps se sente calme et détendu*
9. *Si besoin :* discutez de l'expérience et des apprentissages retenus

Parler à son enfant intérieur

Ceci est une visualisation guidée que vous pouvez focaliser sur toute sous-personnalité de la personne, comme son enfant intérieur, le juge intérieur, ou d'autres. Cette exploration développe la conscience et permet d'être en relation avec certains aspects de la personnalité qui ne sont pas encore bien intégrés et dirigent peut être des comportements de façon inconsciente et involontaire.

Les conflits récurrents, les problèmes de coopération, ou bien les problèmes vis-à-vis de l'autorité, peuvent fortement bénéficier de cette technique ; le comportement actuel peut être issu d'une expérience passée qui se manifeste ainsi au présent.

Consignes

1. Si vous le désirez, prenez une couverture pour vous tenir au chaud, détendez-vous et fermez yeux
2. À présent, dans votre tête, rendez-vous en un lieu que vous aimez beaucoup, chez vous, dehors, ou encore un endroit où vous êtes allé en vacances et où vous vous êtes senti très bien.
3. Ressentez cet endroit avec tous vos sens : de quoi a-t-il l'air ? quelles sont ses odeurs ? qu'entendez-vous ?
4. Vous êtes donc maintenant dans cet endroit merveilleux totalement détendu. Demandez à « X » (nom que le client donne à la sous-personnalité en question) d'entrer et dites hmm quand il/elle arrive.
5. De quoi a-t-il/elle l'air ? Quel âge a-t-il/elle ? Que fait-il/elle ? Que ressent-il/elle et pourquoi ?
6. Demandez-lui de vous regarder (parfois l'enfant intérieur ne regarde pas ou n'en a pas envie ; si tel est le cas, faites comme si vous regardiez un personnage dans un film)
7. Dites-lui que vous êtes lui/elle adulte maintenant et que vous voudriez écouter ce qu'il/elle a à dire, être là pour lui/elle, et comprendre ce dont il/elle a besoin. Il/elle peut vous parler maintenant ou exprimer quelque chose autrement qu'avec des mots

8. Que voyez-vous, qu'entendez-vous, que remarquez-vous ?
9. À présent facilitez une conversation entre votre client et sa sous-personnalité en lien avec le thème sur lequel vous travaillez.
10. Lorsque vous avez terminé, ou quand le temps s'est écoulé : remerciez votre sous-personnalité d'avoir établi le contact et de vous avoir dit/montré tout ça ; faites-lui un câlin ou embrassez-le (virtuellement) s'il le souhaite.
11. Promettez-lui que dans les semaines à venir vous serez disponible pour lui pour d'autres échanges et rencontres ; voyez comment il réagit.
12. Maintenant dites-lui au revoir et à votre rythme revenez ici et maintenant, dans cette pièce, dites-vous à vous-même votre nom, votre taille et votre âge.
13. Discutez avec votre client de ce qu'il a appris et assurez-vous que le contact est maintenu avec la sous-personnalité à travers les exercices personnels quand le temps le permet, en vérifiant chaque jour 5 à 10 minutes, ou lorsqu'il sent une émotion ou une réaction du corps.

Libérer les chaînes : grimpez à l'échelle des croyances limitantes

Cette technique peut aider votre client lorsqu'il fait face à un blocage mental causé par une croyance limitante ou un a priori tels que *« si je dis non, la relation va se détériorer »*, *« je ne peux pas le faire »*, *« si je fais ce que je veux, je ne réponds pas aux besoins des autres »*, *« si je ne fais pas ce qu'ils me demandent, je vais les blesser »*.

En montant cinq barreaux de l'échelle de la croyance, vous arriverez à la racine du problème, ou tout du moins à une vision plus profonde de ce à quoi cette croyance est reliée.

Consignes

1. Prenons cette croyance que vous venez tout juste de mentionner, par exemple : « si je dis non, je vais blesser quelqu'un ».
2. Finissez s'il vous plaît cette phrase : Si je blesse quelqu'un, alors... (« il n'y a plus d'harmonie »)

3. *S'il n'y a plus d'harmonie, alors...* (« la relation va se détériorer »)
4. *Si la relation se détériore, alors...* (« elle ne sera jamais plus comme avant »)
5. *Si la relation n'est jamais plus comme avant, alors...* (« je serai seul et triste »)
6. *Si je suis seul et triste, alors...* (« je suis malheureux »).
7. *Très bien, intéressons-nous à ces connexions :* « si je dis non, je serai seul et triste et finalement malheureux ».
8. Discutez de ce qui ressort et des implications.

Bien souvent, faire cette dernière connexion déclenche une réponse émotionnelle chez le client. Il voit qu'il donne un poids émotionnel très lourd (tristesse, solitude, malheur) à son comportement (dire non) et ainsi se limite, en s'interdisant des possibilités.

Le second temps consiste à discuter et si possible délier les croyances une par une. Chaque lien est limitant et n'est pas nécessairement vrai. Au final, le thème dans l'exemple ci-dessus est la responsabilité, et vous pouvez en parler après avoir questionné les liens, c'est à dire une fois que le client voit que c'est lui qui fait ces connexions depuis des années, et qu'il n'est pas face à une vérité absolue.

Une variante de cette technique consiste à inclure les sensations corporelles qui sont ressenties lors de la montée sur l'échelle, et ensuite de passer à la technique « Laissez le corps parler » décrite précédemment.

Images parlantes

Une technique de créativité bien connue consiste à faire des connexions forcées entre un problème et une image, cherchant à trouver de nouvelles idées que l'image inspire pour résoudre le problème.
En explorant l'inconscient, nous utilisons un jeu de cinq à huit images fortement déclencheuses d'émotions et inspirantes, et socialement neutres, comme par exemple des scènes puissantes de la nature.

Vous pouvez utiliser cette technique de deux façons. La première permet d'explorer les émotions. La deuxième génère des visions intuitives d'un problème ou de solutions possibles à une situation données.

Explorer des émotions
1. *Pensez à votre problème ou sentez le blocage dans votre corps.*
2. *À présent, regardez ces images (étalez-les devant votre client sur une table)*
3. *D'après votre toute première impression : quelle image exprime le mieux votre émotion ; qu'y-a-t-il dans cette image qui exprime si bien votre émotion ? Explorez.*
4. *Si cette image pouvait parler, que vous dirait-elle ?*
5. *Si cette image pouvait vous stimuler, vous encourager (ou tout autre verbe qui vous semble approprié), qui vous dirait-elle ?*
6. *Comment vous sentez-vous à propos de tout cela ?*

Générer des visions et des alternatives
1. *Quelle est l'image qui vous attire naturellement ? (ne parlez pas de l'image, mettez-la de côté momentanément).*
2. *À présent, pensez à votre problème ou ressentez le blocage dans votre corps, immergez-vous dedans.*
3. *En regardant l'image, quelles visions de votre problème ou blocage vous donne-t-elle ? Explorez.*
4. *Quelles idées de solutions possibles vous viennent en regardant cette image ? Explorez.*

Scénario catastrophe

Nous avons tendance à éviter la peur ou la douleur. Par contraste, lorsque nous faisons face à ces émotions, habituellement, elles disparaissent. Il semble qu'admettre leur existence et les raisons pour lesquelles elles peuvent apparaître suffise souvent à les surmonter. Faire face à nos peurs nous rend capables de vivre nos rêves.

Consignes

1. Lorsque vous avez établi un environnement sécurisant et tolérant, demandez à votre client : *je vous invite à vous relaxer et à trouver dans votre esprit un endroit où vous voudriez être.*

2. *Remarquez de quoi a l'air cet endroit, comment vous vous sentez, les odeurs, et comme vous êtes calme et détendu.*
3. *Maintenant, pensez à votre peur ou à l'issue que vous essayez d'éviter (vous pouvez répéter quelques-uns des mots exacts que votre client a utilisés pour décrire sa peur ou sa douleur).*
4. *Continuez dans cette situation et imaginez la pire issue dans cette situation, qu'est-ce qui pourrait arriver de pire ? (soyez attentif aux réactions physiques ou émotionnelles, comme des pleurs, les yeux, les mains ou les pieds qui tressaillent, les joues qui se creusent).*
5. *De quoi est-ce que ça a l'air ?*
6. *Comment vous sentez-vous ? Où cela se passe-t-il dans votre corps ?*
7. *Très bien, maintenant que vous avez expérimenté cette situation, quelles sont vos alternatives, que pourriez-vous faire dans cette situation imaginaire pour améliorer les choses, qu'est-ce qui ou qui pourrait vous aider ?*
8. *Quelle serait votre meilleure alternative ? Appliquez-la à votre situation.*
9. *Comment vous sentez-vous à présent ? Comment se sent votre corps ?*
10. *Regardez comment la situation change lorsque vous agissez pour l'améliorer ; qui d'autre est impliqué et que font-ils, que se passe-t-il d'autre ?*
11. *Quelle est l'issue finale, comment cela se termine-t-il ?*
12. *Comment vous sentez-vous à présent ? Comment se sent votre corps ?*
13. *Que pouvez-vous faire pour empêcher cette situation d'arriver ; quelles sont vos possibilités, et qui ou quoi peut vous aider ?*
14. *À votre rythme, revenez maintenant au temps présent, ici et maintenant afin que nous puissions discuter de ce que vous venez tout juste d'expérimenter.*
15. *Comment cela s'est-t-il passé ?*
16. *Comment pourriez-vous mettre en œuvre ce type de comportement dans la réalité ? De quoi avez-vous besoin pour cela et qui ou quoi pourrait vous y aider ? Comment pouvez-vous obtenir cette aide ? (faites le lien avec la réalité et un plan d'action).*

Dessiner les croyances aidantes et limitantes

C'est une technique non verbale au cours de laquelle, vous, coach, allez simplement donner des apports.
Son but est de rendre conscientes des croyances limitantes ou aidantes de votre client, qui pourraient bloquer les progrès ou le changement.

Consignes

1. Faites une longue liste de croyances (convictions fortes) que vous avez et qui vous aident, qui vous soutiennent, qui vous donnent de l'énergie et vous rendent efficace et vous apportent du succès.
2. Maintenant choisissez la plus importante, et ne me dites pas laquelle.
3. Faites une longue liste de croyances que vous avez et qui vous font reculer, qui vous affaiblissent, ou qui vous prennent de l'énergie, et limitent votre efficacité et votre succès.
4. Maintenant choisissez la plus importante, et ne me dites pas laquelle.
5. Faites un dessin de la croyance aidante sur une feuille de papier, et de la croyance limitante sur une autre.
6. Maintenant, montrez-moi les deux dessins, sans me dire quoi que ce soit, ni quel dessin représente quoi.
7. Je vais vous donner mes impressions, fondées sur ce que je vois ; et vous pouvez les écrire.
8. Donnez vos associations sur chaque dessin (ce sont des stimuli qui seront par la suite utilisés comme connexions forcées avec la croyance) ; vous pouvez regarder le dessin, les formes, les symboles, les couleurs, etc. et les lister pour chaque dessin.
9. Regardons la liste des mots : quelles idées ou quelles clés de compréhension vous donnent-ils pour la croyance en rapport avec le dessin ? Explorez.
10. Maintenant dites-moi à quelle croyance se réfère chaque dessin.
11. Explorez et échangez.

Choisissez des alternatives en les ressentant

Cette technique fonctionne si votre client a du mal à choisir des alternatives et fait face à un dilemme.

Consignes

1. Prenez deux chaises, si possibles identiques mais différentes du siège habituel de votre client.
2. *Résumez vos alternatives, ou les deux côtés de votre dilemme en une phrase.*
3. *Pensez à une de vos alternatives ou l'un des côtés de votre dilemme. Asseyez-vous sur une chaise. Maintenant fermez les yeux et pensez-y. Ressentez votre corps. Sentez ses réactions. Notez-le et décrivez-les-moi. Ressentez-vous une quelconque tension ou un blocage ? Où cela se passe-t-il dans votre corps ? Explorez.*
4. *À présent ouvrez les yeux, levez-vous et secouez votre corps pour enlever toute tension que vous pourriez ressentir. Pensez à la seconde alternative ou au deuxième coté de votre dilemme et asseyez-vous sur la deuxième chaise. Fermez les yeux et pensez-y. Ressentez votre corps. Sentez ses réactions. Notez-le et décrivez-les-moi. Ressentez-vous une quelconque tension ou un blocage ? Où cela se passe-t-il dans votre corps ? Explorez.*
5. Continuez et répétez autant de fois qu'il y a d'alternatives à explorer.
6. *Vous pouvez ouvrir les yeux et secouer votre corps pour enlever toute tension, et marcher un peu avant de vous rasseoir sur votre siège habituel.*
7. *Dans quelle chaise vous êtes-vous senti le mieux ? Explorez.*
8. *Qu'en concluez-vous ?*

Cette technique ressemble en partie à une séance d'Intelligence de Soi©, approche visant à ce qu'émerge le « Moi Conscient » du client.

ANNEXES

1. En savoir plus sur le Creative Problem Solving

Rapide historique

En 1938, Alex Osborn et son équipe ont introduit le terme, la technique et la pratique du « brainstorming » dans son agence de publicité Batten, Barton, Durstine & Osborn (BBDO). Osborn cherchait une façon d'aider son agence à surmonter un ralentissement de son chiffre d'affaire, dû selon lui à un manque d'imagination. Il a observé et analysé le processus créatif spontané de nombreux inventeurs et artistes. Il a expérimenté avec la roue libre une façon de résoudre des problèmes créatifs en associant librement les idées tout en différent le jugement. Le succès auprès des clients a été immédiat. En 1942, il publie « How to Think Up », le premier livre sur le brainstorming structuré. Osborn recommande de se mettre dans un état d'esprit de travail, en prenant une attitude « Oui, et... », en cherchant beaucoup d'idées, en cherchant différentes possibilités et en les combinant. Ces attitudes sont devenues les règles de la divergence.

Osborn a continué à élaborer le brainstorming en étudiant le processus créatif individuel et en le modélisant pour le travail en groupe. Il a poursuivi l'expérimentation avec son équipe. Le succès du brainstorming s'est répandu chez les clients de l'agence qui l'ont adopté à leur tour.

En 1953, Osborn a publié le premier livre sur le Creative Problem Solving, appelé « Applied Imagination ». Il continuait à appeler la méthode « brainstorming » mais il la présente alors en cinq étapes et inclut les modes de pensée de divergence et de convergence à chaque étape. En 1954, il a commencé à travailler avec le Dr. Sidney J. Parnes, un homme d'affaires qui s'était spécialisé dans la vente. Ensemble, ils ont élaboré le Creative Problem Solving à partir du brainstorming et fondé le Creative Problem Solving Institute (CPSI), qui est devenu un événement annuel où le « Osborn-Parnes Creative Problem Solving Model » était exploré, expérimenté et enseigné. CPSI existe toujours depuis et a inspiré de multiples initiatives similaires un peu partout dans le monde.

Le CPS est devenu de plus en plus structuré et riche en matière de techniques de pensée pour la divergence et la convergence. Parnes a exploré de nombreuses façons d'aider les gens à se développer, à aller chercher leur potentiel créatif et à utiliser le CPS plus efficacement pour leur développement à la fois professionnel et personnel. Osborn et Parnes étaient passionnés par le développement humain. Ils n'ont pas déposé de copyright sur leur méthode car ils voulaient la donner au monde afin que tous puissent se réaliser et se transformer collectivement vers des futurs souhaitables.

Osborn et Parnes ont travaillé à développer le CPS jusqu'à la mort d'Osborn en 1966. Parnes a continué à affiner le CPS avec des scientifiques, des psychologues (notamment les psychologues humanistes des années 1950 à 1980) et des hommes d'affaires. La recherche et la pratique continuent via la Fondation Creative Education Foundation qui produit CPSI chaque année et de nombreuses autres institutions, écoles et entreprises.

Le CPS et la posture créative

Dans « Optimize the Magic of Your Mind », Parnes décrit ce qu'il appelle la posture créative dans la vie (lorsque vous avez intériorisé le processus CPS si complètement que votre comportement le prouve dans toutes vos actions et réactions). Parnes observe des changements de personnalité vers une attitude plus ouverte, plus tolérante, plus positive, menant à ce qu'Abraham Maslow appelle la « réalisation de soi ». Parnes a construit la question « Comment faire pour... ? » qui mène à explorer des possibilités plutôt que de rester bloqué dans une situation ou un problème non désiré.

Depuis le milieu des années 90, Parnes a porté cette posture jusqu'à remettre en cause le mot « problème » ; disant que « problème » est un terme et un concept dépassé et que nous devrions plutôt penser en termes d'opportunités.

CPS et leadership

Le Creative Problem Solving inspire des manières de mieux comprendre les défis, de trouver des solutions, de changer et de transformer. C'est pourquoi c'est une méthode qui développe le leadership créatif. L'International Center for Studies in Creativity à Buffalo State University, New York, U.S., enseigne la pensée créative pour les leaders. Dans le livre appelé « Creative Leadership: Skills That Drive Change », le CPS est présenté avec les modes de pensée cognitifs pour chaque étape du modèle.

En plus d'offrir un modèle structuré pour la résolution de problème et la recherche d'opportunités, le CPS est une méthode de travail collaboratif et de développement de l'intelligence collective.

2. Instaurer un climat créatif

Vous trouverez ci-dessous quelques exercices qui aideront à rentrer dans le « mode de travail », comme le dirait Alex Osborn, ou à penser différemment, plus créativement – « out of the box ». Ces exercices encourageront votre client à développer son imagination et à accueillir son intuition. Vos consignes et ses réactions vont le surprendre et le pousser hors de ses schémas de pensée habituels et il commencera à voir les choses sous un nouveau jour.

La moitié de huit

Prenez une attitude Oui, et…! *et essayez de trouver le plus de réponses possibles à la question* « Qu'est-ce que la moitié de huit ? » (les réponses peuvent être 4, des versions écrites à la main : I/II, 3, hu/it, S, m, w, 2x2, etc…)

Débriefe : *Que retenez-vous de cet exercice ?*
Des réponses fréquentes sont :
- Je n'ai pas pensé qu'il pouvait y avoir autant de réponses différentes
- Il y a toujours plus d'une solution à un problème
- Il y a toujours plus d'une réponse à une question
- La réponse la plus évidente (4) arrive toujours en premier
- Si vous voulez trouver des solutions originales et nouvelles, vous devez pousser plus loin, si vous continuez à chercher des réponses, de nouvelles idées arriveront
- Quand vous avez trouvé une solution, alors les autres solutions qui sont du même ordre arrivent facilement : 4, 2x2, 16:4, ou ac. hu/it, etc. C'est ainsi que le cerveau fonctionne
- De façon à trouver des solutions totalement nouvelles, vous devez regarder votre problème sous une nouvelle perspective (ex : voir huit comme le dessin 8 et couper le dessin en deux).
- Les techniques créatives aident à voir facilement des perspectives différentes à un problème.

Les chiffres romains

Écrivez le chiffre romain IX sur un morceau de papier. Votre

défi est de convertir ce que vous voyez en 6, en ajoutant un trait.
Invitez votre client à trouver des solutions, sur un papier, en tâtonnant, en gribouillant.
La solution est : SIX.

Pourquoi cette solution est-elle difficile à trouver ? Intéressez-vous à ce qui suit : nous raisonnons de façon implicite selon des présupposés ou des « données » :

- Cela devrait être une ligne droite
- Cela devrait être un nombre
- Cela devrait être un nombre romain

Aucune de ces informations n'était dans la consigne !

Le message est que nous nous limitons nous-mêmes, souvent inconsciemment, nous cachant des solutions et des options. Les outils de pensée créative aident à casser les schémas auto-explicatifs et figés de notre pensée, créant ainsi un espace pour trouver de nouvelles possibilités.

Oui, Mais… ! et Oui, Et… !

Nous allons planifier des vacances. Si nous allions en Italie ? Votre réponse pourrait être Oui, mais ! *et vous ajouteriez une nouvelle information (par exemple, Je n'ai pas le temps). Je vous répondrais avec un* Oui, mais ! *et j'ajouterais moi aussi une nouvelle information (par exemple, nous avons besoin d'une pause). Nous continuerions pendant un moment comme ça, commençant chaque phrase par* Oui, mais ! *en ajoutant une nouvelle information.*
Arrêtez l'exercice après un temps.
OK, nous allons à nouveau planifier des vacances. Suggérez une destination, et je répondrai par Oui, et ! *et j'ajouterai une nouvelle information. Vous répondrez par* Oui, et ! *et vous ajouterez une nouvelle information. Nous continuerons un moment ainsi en commençant chaque phrase avec* Oui, et ! *et en ajoutant de nouvelles informations.*
Arrêtez-vous et débriefez l'exercice : *qu'avez-vous remarqué et qu'avez-vous ressenti dans chacun des cas ?*
Vous pourrez entendre des réactions comme :

- *Oui, et…! Ouvre le champ des possibles*
- *Oui, et…!* enrichit, peut apporter de plus en plus

- Avec *Oui, mais...!* nous ne sommes même pas partis de la maison
- *Oui, mais...!* peut se transformer en bataille
- *Oui, mais...!* c'est travailler l'un contre l'autre
- *Oui, mais...!* était plus facile à faire pour moi, tout ce que j'avais à faire était de penser à des contre-arguments
- Nous sommes plus habitués à dire *Oui, mais...!*

« Oui, et...! » est utilisé dans le théâtre d'improvisation et dans les phases de divergence de la pensée créative. L'exercice aide par la suite à différer le jugement et à accepter que ce qui est dit enrichit vos idées. Avec le brainstorming il ne s'agit pas d'argumenter, ni de discuter, ni de persuader mais de construire une histoire qui a du sens avec votre interlocuteur.

Croisez vos bras

Je vous propose de croiser vos bras de la façon dont vous le faites habituellement.
Maintenant, croisez-les à l'inverse.
Débriefe :
- *Comment vous sentez-vous ?* Des commentaires fréquents sont : « *c'est moins confortable, plus difficile, cela semble bizarre* ».
- *Qu'est-ce que cela peut vouloir dire ?* Les clients disent souvent : « *Je n'ai pas l'habitude de le faire comme ça* », l'autre façon est habituelle, et nous formons des schémas à partir de nos habitudes.

Nous formons des schémas en répétant certains comportements. Plus nous les répétons, plus c'est facile pour nous. C'est ainsi que nous apprenons. C'est aussi comme cela que nous formons des schémas de comportement qui sont difficiles à changer. C'est la même chose pour les schémas de pensée et de perception. Plus nous répétons une certaine pensée, plus elle se fige en nous. Ce phénomène a un fondement neurologique. C'est pour cela que le changement nécessite de l'énergie : il est plus difficile de faire quelque chose de nouveau et au début, c'est inconfortable.

Cela vaut aussi pour les croyances limitatives et les présupposés. Vous pouvez demander à votre client les conclusions qu'il tire de cette discussion. Par exemple : « *J'ai des schémas comportementaux et des schémas de pensée et* de perception qui peuvent m'aider mais aussi me limiter, et si je me sens inconfortable, c'est peut être le signe que je suis en train de changer un schéma comportemental, si je répète un nouveau comportement souvent, il deviendra plus simple avec le temps ».

Utiliser la Brain Gym pour avoir plus d'énergie

La Brain Gym fait référence à une série de mouvements croisés qui stimulent simultanément les deux hémisphères du cerveau. De cette façon, la quantité de stimuli qui touche le corps calleux entre les deux hémisphères est augmentée, et il a été montré que cela aide la pensée créative. Les mouvements croisés peuvent être faits de différentes manières (voir : www.braingym.org).

Quelques exercices simples :

> **Tapoter les bras :** *croisez vos bras devant vous et en même temps tapotez votre bras droit avec votre main gauche et vice versa. Comptez jusqu'à 10.*
>
> **Coude et genou :** *alternez en amenant votre coude gauche sur votre genou droit et votre coude droit sur votre genou gauche. Gardez un bon rythme, faites dix mouvements comme ça.*
>
> **La main derrière votre dos au talon :** *Prenez votre main droite et amenez-la derrière votre dos en touchant votre talon gauche en levant le pied. Faites l'inverse. Essayez de rester debout le plus longtemps possible. Gardez un bon rythme, comptez jusqu'à 10.*
>
> **Faire un 8 :** *Pliez vos mains devant votre nez et mettez vos pouces parallèles droits. Maintenant, tendez vos bras devant vous. Gardez vos yeux sur vos pouces et dessinez un huit avec vos mains dans l'air. Comptez jusqu'à 10. Continuez à regarder vos pouces en dessinant le 8 dans l'autre sens. Comptez jusqu'à 10.*

Court exercice de relaxation avant la divergence

Nous allons faire un court exercice de relaxation. Dans un état de relaxation, nous trouvons plus facilement des idées.

Asseyez-vous. Mettez votre dos contre le dossier de votre chaise et installez vos fesses bien au fond. Fermez vos yeux et

focalisez votre attention sur votre respiration.
Prenez quelques respirations profondes : remplissez votre ventre d'air lorsque vous inspirez et laissez l'air sortir sans forcer en expirant.
Dedans dehors. Dedans dehors. Dedans dehors.

Maintenant focalisez votre attention sur votre tête et relâchez tous les muscles de votre visage : commencez par les yeux, relâchez les muscles autour de vos yeux, puis descendez vers votre bouche, relâchez les muscles autour de votre bouche, de votre gorge, de vos joues, et tout autour du cou.
Maintenant continuez et relâchez les muscles de vos épaules, de votre torse, de votre ventre, de vos hanches, et de votre pubis. Relâchez les longs muscles de votre dos, vos fesses, vos cuisses, vos mollets, vos chevilles, et vos pieds. Enfin relâchez les muscles de vos bras, de vos mains, de vos doigts.

Maintenant, dans cet état de relaxation très agréable, imaginez que vous êtes dans un endroit que vous aimez. Cela peut être chez vous ou ailleurs, un lieu de vacances, dehors, ou à l'intérieur, là où vous vous sentez bien.
Asseyez-vous ou allongez-vous dans ce bel endroit et regardez autour de vous. Regardez les couleurs. Si vous êtes dehors, sentez le vent ou le soleil sur votre peau. Notez les petits bruits ou le calme autour de vous.

La seule chose que vous devez faire maintenant est d'être totalement présent dans cet endroit et d'en profiter.

(Après quelques minutes) Bougez vos doigts et vos doigts de pied doucement, à votre rythme, revenez à votre chaise dans cette pièce et continuez votre exercice.

Visualisation de la solution choisie – Étape 5 (20 minutes)

Voici un script pour une visualisation. Les chiffres indiquent les temps de silence.

Au cours de la visualisation, je vais vous poser quelques questions qui vous sembleront peut être étranges : ne réfléchissez pas - laissez simplement ce qui vient en premier à votre esprit – c'est votre intuition.
Je dirais « vous voyez », mais certaines personnes ne voient pas d'images. Ne vous inquiétez pas, vous êtes peut être

quelqu'un qui ne voit pas d'images mais qui sait simplement, ou entend des voix lui parler. La seule chose qui importe, c'est l'information.
Enfin, vous pouvez ne pas écouter ma voix, ou rater quelques questions, tout est ok. Prenez juste ce que vous entendez et continuez. Nous allons commencer l'exploration.

Installez-vous confortablement (1-2-3-4-5). Fermez les yeux et relaxez-vous (1-2-3). Respirez calmement et concentrez-vous sur votre corps (1-2-3). Sentez le poids de votre corps sur votre chaise, sur le lit ou sur le sol (1-2-3). Maintenant imaginez une fine brume (1-2), une brume perlée qui remplit votre corps entièrement, partout et doucement (1-2). Vous vous sentez calme et reposé (1-2-3-4-5). Respirez doucement, inspirez (1-2-3) expirez (1-2-3).

À chaque respiration, vous vous sentez plus calme et plus vous-même (1-2-3). Laissez tous vos ennuis s'envoler. Tout trouve sa place (1-2-3). Et quand tout trouve sa place, cela apporte le calme, la relaxation, le repos.

Maintenant, dans cet état d'esprit relaxé, allez dans la rue dans laquelle vous vivez, et restez tranquille devant votre maison (1-2). Regardez la porte (1-2). Maintenant, vos jambes s'allongent et vous grandissez, vous êtes aussi haut que le toit de votre maison (1-2). Vous continuez à grandir et vous pouvez regarder au-dessus des maisons, et maintenant vos pieds quittent le sol et vous montez, montez, montez de plus en plus haut et vous voyez les maisons devenir petites (1-2). Elles deviennent de plus en plus petites et vous continuez à monter (1-2) jusqu'à ce que vous voyiez la terre en dessous de vous (1-2) et l'horizon est une ligne courbe, le morceau d'un cercle (1-2-3). Quand vous êtes là, quand vous voyez la terre au-dessous de vous et l'horizon courbe, vous sentant totalement en sécurité et calme, laissez le noir venir (1-2-3). Vous vous sentez totalement calme et en sécurité. Puis laissez la lumière venir à nouveau et revenez vers la terre. (1-2), vous êtes maintenant dans un endroit et à un moment où vous avez réalisé... Ici mentionnez la solution que le client a choisie *(1-2-3).*

Vos approchez la terre et lorsque vous atterrissez, vos ressentez vos pieds toucher le sol avec un petit choc (1-2-3). Que se passe-t-il ? (1-2-3-4-5)

Que faites-vous ? (1-2-3-4-5)
Qui d'autre est ici ? Ou peut-être êtes-vous seul(e) ? (1-2-3)
Quelle est votre contribution ? (1-2-3-4-5)
Comment le faites-vous ? (1-2-3-4-5)
Quelle connaissance avez-vous ? Quelles compétences ? (1-2-3-4-5)
Maintenant vous voyez les résultats de cette nouvelle situation que vous avez créée. (1-2-3-4-5)
A quoi votre talent est-il utilisé ? (1-2-3-4-5)
Qu'est-ce qui a changé ? (1-2-3)
Quoi ou qui vous a aidé à réaliser (la solution choisie) ?

Maintenant, à votre propre rythme et au moment qui vous convient, revenez ici et maintenant, dans cette pièce. (1-2-3-4-5-6-7-8-9-10)
Mentalement, dites votre nom et votre âge et sentez la longueur de votre corps. (1-2-3-4-5)
Bougez doucement vos pieds et vos mains et ouvrez les yeux. (1-2-3-4-5-6-7)

Si vous voulez prendre des notes, n'hésitez pas à le faire dans votre cahier.
Prenez des notes et associez librement et écrivez ce qui vous vient à l'esprit. Essayez de tout écrire, sans jugement. Laissez juste vos pensées venir, laissez-les couler.

3. Biographies des auteures

Sandra Minnee et Olwen Wolfe ont conçu et animé des centaines de session de développement des individus et des équipes s'appuyant sur des techniques de réflexion créative, sur cinq continents. Ensemble, elles ont créé et expérimenté la méthode CREACoaching en Europe, Amérique du Nord et du Sud, Afrique et Asie.
Sandra Minnee a écrit le premier livre sur l'utilisation de techniques issues du Creative Problem Solving dans le coaching en 2009 ainsi qu'un livre sur l'approche typologique BrainStyles at Work en 2012, tous deux en hollandais. Olwen Wolfe a publié J'innove comme on respire en 2007, un ouvrage sur la méthode bien connue aux Etats-Unis, le Creative Problem Solving, démarche qu'elle a adaptée à la culture Européenne.

Toutes deux sont diplômées en Psychologie et ont une expérience en études qualitatives, conseil et management. Elles cumulent des années de pratique internationale de l'accompagnement des individus et des groupes au moyen de techniques créatives.

La société de Sandra, A'mare, est basée en Hollande. Elle se consacre au développement du leadership et au coaching de cadres dirigeants et managers, en individuel et en équipes. Ses zones d'expertise spécifiques sont la typologie BrainStyles et les techniques intégratives pour le développement de la conscience. Vous pouvez contacter Sandra à travers ses sites internet : www.a-mare.nl et www.brainstylesatwork.eu.

Worlding Innovative Cultures, la société d'Olwen, est basée en France. Olwen aime particulièrement développer les cultures de l'inventivité dans les organisations de toutes tailles et tous secteurs. Elle crée des ponts entre les approches du coaching par la pensée créative et par la psychologie Jungienne. Elle a co-fondé plusieurs associations et conférences annuelles en Europe dont le but est de développer la créativité appliquée, dont Créa-France, CREA Conference, Créa-Université, et International Forum of Creativity Organizations. Vous pouvez joindre Olwen par son site internet www.worlding.com.
Séparément et ensemble, les auteurs conçoivent et animent des programmes de développement des personnes, localement et à l'international. Elles forment également des coachs à

l'utilisation avancée de la méthode CREACoaching.

Elles espèrent toutes deux avoir des nouvelles de leurs lecteurs pour partager des expériences !

4. Bibliographie

Aznar, G., *Idées: 100 techniques de créativité pour les produire et les gérer,* Eyrolles, Editions d'Organisation, 2004.

Baum, B., *How to motivate audiences,* Bates-Jackson, 2003.

Basadur, M., *Simplex – A Flight to Creativity,* The Creative Education Foundation Press, Buffalo, NY, 1998.

Berens, L., *Understanding Yourself and Others,* Telos Publications, 2000.

Briggs-Myers, I., *Introduction aux types psychologiques,* 6ème édition révisée par Katherine Myers et Linda Kirby, OPP, 2001.

Cailloux, G. & Cauvin, P., *Les types de personnalité: les comprendre et les appliquer avec le MBTI,* ESF Éditeur, 1994.

Cailloux, G. & Cauvin, P., *L'Intelligence de Soi… et de l'autre,* InterEdition 2009

Cameron, J., *The Artist's Way,* Putnam Books, New York, 1992.

Cauvin, P., *La cohésion des équipes,* ESF, Paris, 3ème édition 2003.

De Bono, E., *Lateral Thinking: Creativity Step by Step,* Harper & Row, New York, 1970.

Duhoux, P., et Jacob, I., *Développer sa créativité,* Editions Retz, 2006.

Eberle, B., *SCAMPER: Games for Imagination Development,* DOK Publishers, 1984.

Goldenberg, J., Horowitz, R., Levav, A. & Mazurski, R. *Finding Your Innovation Sweet Spot.* In: Harvard Business Review, 3–2003.

Gordon, W. J. J., *Synectics*, Harper & Row, New York, 1961.

Gordon, W. J. J. & Poze, T., *The Metaphorical Way of Learning and Knowing: Applying Synectics to Sensitivity and Learning Situations*, Porpoise Books, Cambridge, Massachusetts, 1973.

Guilford, J. P., *Creativity*, In: American Psychologist, 5, 1950.

Guilford, J. P., *Nature of Human Intelligence*, McGraw Hill, New York, 1967.

Herrmann, N., *The Whole Brain Business Book*, McGraw-Hill, New York, 1996.

Higgins, J. M., *101 Creative Problem Solving Techniques*, The New Management Publishing Company, NewYork, 1994.

Horth, D. M., Palus, C. J., *The Leader's Edge: Six Creative Competencies for Navigating Complex Challenges*, Center for Creative Leadership, Jossey Bass, 2002.

Hurson, T., *Think Better*, McGraw Hill, New York, 2008.

Jones, M. D., *The Thinker's Toolkit – 14 Powerful Techniques for Problem Solving*, Times Business, New York, 1998.

Jung, C., *Man and His Symbols*, Turtleback Books, 1968.

Jung, C. G., *Types psychologiques*, Librairie de l'Université Georg & Cie – 5ème édition, 1983.

Keirsey, D. & Bates, M., *Please Understand Me: Character & Temperament Types*, Gnosology Books, 1984.

Kirton, Dr. M. J., *Adaption-Innovation in the Context of Diversity and Change*, Routledge, 2003.

Koestler, A., *The Act of Creation*, MacMillan, New York, 1967.

Krebs Hirsch, S. & Kummerov, J., *Lifetypes*, Warner Books, 1989.

Lubart, T., *Psychologie de la créativité*, 2003

Mance, M., Murdock, M. C., Puccio, G. J. Ph.D., *Creative Leadership: Skills That Drive Change*, Sage Publications, 2006.

Maslow, A., *Towards a Psychology of Being*, Van Nostrand Reinhod, 1963.

Minnee, S., *Coachen met Creative Problem Solving*, BoomNelissen, Amsterdam, 2009.

Minnee, S., *Teamcoaching met BreinStijl@Work*. In: Het CoachingInstrumentenboek, BoomNelissen, Amsterdam, 2013.

Michalko, M., Tinkertoys! *A Handbook of Business Creativity*, Ten Speed Press, Berkeley, CA, 1991.

Miller, B.; Vehar, J.; Firestein, R.; *Creativity Unbound*, THinc Communications, 2001.

Noller, R. B., *Scratching the Surface of Creative Problem Solving: a Bird's Eye View of CPS*, East Aurora, N. Y. DOK Publishers, 1977.

Norris, P. & Epstein, S. *An Experiential Thinking Style: Its Facets and Relations with Objective and Subjective Criterion Measures*. Journal of Personality, 79 (5), October, 2011.

Osborn, A. F., *How to Think Up*, New York & London, 1942 (réédition, épuisée).

Osborn, A. F., *Your Creative Power*, New York: Scribners, 1948.

Osborn, A. F., *Applied Imagination*, New York: Scribners, 1953.

Osborn, A. F., *Créativité : l'imagination constructive*, Dunod, Paris, 1988.

Parnes, S. J. Ph.D., *Creative Behavior Guidebook*, Scribners, 1967.

Parnes, S. J. Ph.D., *The Magic of Your Mind*, The Creative Education Foundation Press, Buffalo, NY, 1981.

Parnes, S. J. Ph.D., *Optimize the Magic of Your Mind*, The Creative Education Foundation Press with Bearly Limited, Buffalo, NY, 1997.

Parnes, S. J. Ph.D., *Visionizing: Innovating your Opportunities*, The Creative Education Foundation Press, Buffalo, NY, 2004.

Rogers, C., *Becoming a Person*, Oberlin Printing CO., 1954.

Segal, M., *Creativity and Personality Type*, Telos Publications, Huntington Beach, CA, 2001.

Seung, S., *Connectome, How the Brain's Wiring Makes Us Who We Are*, Allan Lane, London, 2012.

Sitskoorn, M., *Het Maakbare Brein*, Bert Bakker, Amsterdam, 2006.

Stein, M. Ph.D., *Stimulating Creativity*, Academic Press, New York, 1975.

Stone, H. & Stone, S., *Embracing your inner critic*, Harper Collins, 1993.

TenDam, H., *Regression therapy without hypnosis*, Bres, 1989.

Torrance, E. P. Ph.D., *Torrance Tests of Creative Thinking: Norms–Technical Manual*, Personal Press, 1966.

VanGundy, A. B., *Brain Boosters for Business Advantage*, Pfeiffer & C°, 1995.

VanGundy, A. B., *Techniques of Structured Problem Solving*, Van Nostrand Reinhold, 1988.

Van Oech, *A Whack on the Side of Your Head*, Warner Books, 1983.

Verberg, E., *Individuele coaching met BreinStijl@Work*. In: Het CoachingInstrumentenboek, BoomNelissen, Amsterdam, 2013.

Wallas, G., *The Art of Thought*, Harcourt, Brace & World, 1926.

Wenger, W. Ph.D., Wenger S., *Your Limitless Inventing Machine*, Psychogenic Press, Gaithersburg, MD, 1979.

Wolfe, O., *J'innove comme on respire*, Le Palio, 2007.

Printed in Great Britain
by Amazon